Adorno em Nova York

2ª edição

Adorno em Nova York

Os estudos de Princeton sobre a música no rádio (1938-1941)

Iray Carone

alameda

Grafia atualizada segundo o Acordo Ortográfico da Língua Portuguesa de 1990, que entrou em vigor no Brasil em 2009.

Edição: Haroldo Ceravolo Sereza
Projeto gráfico, diagramação e capa: Mari Ra Chacon Massler
Revisão: Alexandra Colontini
Assistente acadêmica: Bruna Marques
Editora de projetos digitais: Marilia Chaves
Imagens da capa: By New York World-Telegram and the Sun staff photographer Fisher, Alan, photographer. [Public domain], via *Wikimedia Commons*; William P. Gottlieb [Public domain], via *Wikimedia Commons*; By The Library of Congress [Public domain or No restrictions], via *Wikimedia Commons*; *Pixabay*.

CIP-BRASIL. CATALOGAÇÃO NA PUBLICAÇÃO
SINDICATO NACIONAL DOS EDITORES DE LIVROS, RJ
C295a
2. ed.

Carone, Iray
Adorno em Nova York : os estudos de Princeton sobre a música no rádio (1938-1941) / Iray Carone. - 2. ed. - São Paulo : Alameda, 2019.
200 p. ; 21 cm.

Inclui bibliografia
ISBN 978-85-7939-608-3

1. Adorno, Theodor W., 1903-1969. 2. Psicologia e filosofia. 3. Teoria crítica.
I. Título.

19-56128 CDD: 150.1
CDU: 159.9

ALAMEDA CASA EDITORIAL
Rua Treze de Maio, 353 – Bela Vista
CEP 01327-000 – São Paulo – SP
Tel. (11) 3012-2403
www.alamedaeditorial.com.br

Ao brasilianista e historiador Ralph Della Cava, da Universidade de Columbia

Ao escritor Modesto Carone, irmão e inspirador

Sumário

Prefácio à primeira edição

É uma grande satisfação para mim atender ao convite feito pela profa. Iray Carone para escrever o Prefácio deste livro. Particularmente, pela amizade e carinho que nutro por ela. E de um modo geral, pela notável importância do material que temos em mãos.

Iray Carone é uma pesquisadora do mais alto nível e já publicou livros voltados a temas complexos no campo da Psicologia, como a Psicologia Social do racismo e problemas epistemológicos em Psicologia (do emprego das metáforas pela linguagem científica e à questão dos paradigmas) – assuntos que ela aborda com coragem e renomada competência. O presente livro traz à luz aquela que constitui uma das mais relevantes contribuições de sua produção acadêmica, dentro da área à qual ela dedicou boa parte de sua trajetória de pesquisas: a Teoria Crítica – que tem na professora Iray Carone uma de suas pioneiras em terras brasileiras.

Iray Carone foi uma das primeiras pesquisadoras no campo da Psicologia a estudar a obra dos teóricos da chamada "escola de Frankfurt", enquanto ainda lecionava na PUC-SP. Isso em uma época em que estes autores ainda eram praticamente desconhecidos em nosso país – quando a Teoria Crítica fazia-se presente nos meios acadêmicos principalmente graças ao relativo sucesso editorial de *Eros e Civilização*, de Marcuse, ou devido à consideração cada vez mais frequente das obras de Adorno e Benjamin por nossa crítica literária. Ultrapassando esta fronteira na recepção dos estudos em Teoria Crítica, Iray Carone atreveu-se a trazer as férteis contribuições dos teóricos frankfurtianos para dentro da Psicologia. Trabalho que por si só já seria digno de ser ressaltado, mas que não foi realizado sem mais, como quem busca apenas um apoio teórico adicional. Sensível às peculiaridades de nosso contexto brasileiro e ao princípio inexorável do primado do objeto, a professora imprimiu ao longo deste percurso as marcas de uma leitura singular, tecendo uma recepção cuidadosa que ajudou a moldar a história das relações entre Psicologia e Teoria Crítica no Brasil. Gerações inteiras de professores e pesquisadores destas áreas foram formadas a partir de sua empresa.

Contribuiu para tanto uma formação aprofundada dedicada à Teoria Crítica, que envolveu a realização de quatro pós-doutorados no exterior, em centros de pesquisa de ponta dos Estados Unidos e da Europa. Na Universidade da Califórnia, em Berkeley, supervisionada pelo noto historiador da escola de Frankfurt, o prof. Martin Jay, ainda em 1985, Iray Carone iniciou sua coleta de dados, inaugurando um relevante e inédito programa de pesquisas. Desde então, ela vem se debruçando sobre os trabalhos que o filósofo Theodor W. Adorno realizou durante seu exílio nos Estados Unidos (que se estendeu de 1938 a 1953, quando o filósofo retorna à Alemanha). Como exemplo da importância das obras de Adorno neste período, bastaria citar o *capolavoro* em co-autoria com Max Horkheimer – *A dialética do esclarecimento* – escrita e publicada naqueles anos. Obra na qual, convém ressaltar, o fundamental conceito de *indústria cultural* foi elaborado e desenvolvido. Mas o trabalho da profa. Iray Carone não se resumiu à análise das obras "canônicas" publicadas por Adorno nesta época. Em primeiro lugar porque, imiscuída nas preocupações despertadas por sua atuação em Psicologia, chamaram-lhe a atenção justamente os trabalhos *empíricos* realizados por ele em sua fase americana – que conformam um capítulo central dentro da obra adorniana. Trabalhos, aliás, que vêm ganhando cada vez mais destaque inclusive no campo mais amplo das humanidades, em vista à crise interna da Filosofia como disciplina, e que têm servido como contraponto às leituras estritamente especulativas – e nessa qualidade, parciais – da obra de Adorno. Em segundo lugar, porque nos Estados Unidos tornava-se possível obter acesso a fontes primárias relacionadas a este material ainda inacessíveis ao público e em língua original – oportunidade que uma pesquisadora séria e competente como Iray Carone jamais deixaria escapar. Mesmo que tivesse por tarefa desbravar um terreno ainda arriscado de investigações e que agora pode revelar seus frutos. Daí em grande parte a relevância, a qualidade e o ineditismo de seus estudos.

Embora Theodor W. Adorno fosse filósofo de formação (assim como a profa. Iray Carone), desde muito cedo ele mostrou-se atento às idiossincrasias na defesa de um projeto filosófico subjetivista, pretensamente liberto de suas condicionantes materiais. Ao chegar aos Estados Unidos, fugindo da guerra e da perseguição nazista na Europa, Adorno era já um arguto leitor de Marx, mas também de Kant, Hegel, Kierkegaard e de Husserl (a quem dedicara sua tese de doutorado), de Lukács e de Walter Benjamin. Tal arcabouço crítico permitiu a Adorno construir uma proposta filosófica que, em meio às contradições do idealismo, de um lado, e à derrocada das ilusões cientificistas, por outro, resguardou-se frente a um tentador descrédito na objetividade e na razão como fontes do conhecimento (descrença que marca grande parte do pensamento europeu ao longo do século XX – da fenomenologia e do subjetivismo ao que ironicamente Adorno chamava de "jargão da autenticidade"). Isto sem, no entanto, deixar de empreender a crítica necessária de seus pressupostos filosóficos. Preservando a tensão entre sujeito e objeto, o pensamento de Adorno sustenta-se exatamente no trânsito entre estas duas instâncias, movimento configurado em meio à dialética das relações sociais constituídas. Munido destas reflexões, Adorno chegou aos Estados Unidos disposto a abraçar um projeto de pesquisa empírico, embora provavelmente ainda não estivesse totalmente ciente dos desafios que a tradição empirista americana iria lhe impor. A despeito de sua formação filosófica e provavelmente por causa mesmo dela, as dificuldades encontradas neste ambiente minado levaram Adorno a abraçar o desafio de enfrentar a cisão entre subjetividade e razão, e entre filosofia e ciência, colocando em diálogo, sem ignorar seus respectivos métodos e bases de seu saber, disciplinas que a modernidade aprendera a encerrar cada vez mais dentro de suas devidas especialidades. Os trabalhos de análise e mesmo de reconstrução histórica oferecidos pela profa. Iray Carone ajudam a compor o rico panorama das reflexões e conflitos que nascem destes embates, que, em um primeiro momento, evidenciam a contraposição entre escolas de pensamento tão diferentes como aquelas europeia e a americana. Conflitos que comparecem expressos na própria forma como Adorno estrutura suas pesquisas sobre o rádio, desenvolvidas no período. Assim como o intensivo contato com o pragmatismo e o modo americano de se fazer ciência acabaria deixando suas marcas nos trabalhos e filosofia de Adorno, a crítica adorniana também inauguraria um modo próprio de se planejar e realizar pesquisas em Ciências Humanas. A peculiaridade, a originalidade e os riscos embutidos neste projeto adorniano refletem-se na esmerada descrição que Iray Carone nos oferece por meio do conjunto de artigos compilado neste livro.

Os artigos que compõem este volume apresentam uma análise sistemática dos memorandos, relatórios de pesquisa e os documentos vários produzidos por Adorno e seus colegas por ocasião da participação do filósofo no *Princeton Radio Research Project*.

A pesquisa inédita realizada junto aos microfilmes e microfichas da *Lazarsfeld Collection*, na Universidade de Columbia, possibilitou a Iray Carone atingir muitos objetivos. Dentre eles, tem-se uma descrição dos bastidores da participação adorniana no projeto de Princeton, que envolve desde as razões acadêmicas que justificavam a inserção de Adorno naquele grupo até as divergências que levaram à sua saída, em 1941. Ela realiza uma análise de contexto, mostrando a importância dos estudos sobre o rádio naquele período, bem como as diversas teorias utilizadas na tentativa de compreender o fenômeno da escuta mediada. Também analisa os movimentos de Adorno na tentativa de provar suas próprias hipóteses acerca da relação entre os ouvintes e a música ouvida por meio do rádio. E ainda articula estes trabalhos de Adorno com sua produção posterior, especialmente no que se refere à sua teoria do rádio e da mediação, à estética e à maneira como nasce e vem compreendido o conceito de indústria cultural.

Os artigos da autora aqui reunidos foram publicados entre 2002 (período que se segue ao seu pós-doutorado na Universidade de Columbia) e 2014, em diferentes veículos (denotando a versatilidade com a qual a autora dialoga com diferentes públicos). Alguns deles, como "O dia das bruxas de Orson Welles" e "A obsessão pelo jazz" foram publicados no saudoso *Mais!*, caderno cultural do jornal *Folha de São Paulo* – quando, até poucos anos atrás, os jornais de circulação nacional ainda dedicavam espaço em suas edições dominicais para artigos mais substanciais de crítica cultural, política e análise humanística (dias em que também os leitores pré-digitais ocupavam parte do seu domingo com estas leituras). Afora o primeiro artigo da coletânea, que foi capítulo de um outro livro, os demais textos foram publicados em revistas científicas especializadas (submetidas, portanto, a um criterioso processo de revisão entre pares), trazendo uma inestimável contribuição para os estudos acadêmicos na área.

O artigo que abre o livro, "Adorno e a música no ar", publicado em 2003, pode ser lido como uma espécie de introdução à coletânea, uma vez que apresenta o *Princeton Radio Research Project*: conta como o projeto surgiu, seus objetivos, fontes de financiamento, formação de sua equipe e a quais problemas as pesquisas desenvolvidas em seu âmbito buscavam responder – tema que se desdobra no segundo e no terceiro ensaios da obra. Um ponto a ser ressaltado neste primeiro texto refere-se à discussão metodológica que oferece, deslindando as nuances do confronto entre o modelo de *pesquisa administrativa* executado pelo sociólogo Paul Lazarsfeld, focado na Psicologia do público receptor do rádio, e a crítica adorniana, voltada para o *modus operandi* do rádio mesmo, enquanto capaz de produzir certos tipos de reação em seus ouvintes (proposta coerente com a ideia de que a recepção do ouvinte não é *imediata*, mas fruto de uma experiência produzida). Lembrando que Iray Carone desenvolveu um extenso trabalho de crítica sobre o papel da pesquisa administrativa no interior da Sociologia, alimentado tanto por esta análise documental quanto pelas pesquisas que realizou em um estágio de pós-doutorado na Espanha. É interessante notar, neste contexto, como um modelo de pesquisa junto ao ouvinte baseado em "likes" e "dislikes", ignorando a mediação do aparelho e focando-se na recepção apenas aparentemente imediata dos consumidores, seguiu fundamentando as relações entre os produtores de conteúdo e seus receptores até os nosso dias, quando vemo-nos às voltas com tipos de mídia aparentemente tão diferentes como aquelas digitais – fato que nos alerta para a atualidade e a fertilidade da crítica adorniana frente aos estudos de mídia hoje.

Note-se que este artigo de Iray Carone foi escrito antes da publicação de *Current of Music*, livro editado em inglês pela alemã Surkhamp apenas em 2006 – momento em que são trazidos a público os textos que mostram como Adorno descobriu as características essenciais do rádio que afetavam a música por ele veiculada. Os textos encontrados naquele livro, convém lembrar, estavam fora dos arquivos em Columbia em 2001, ocasião em que ocorre a pesquisa documental de Iray Carone. Sua pesquisa, assim, iria completar-se quando o livro da Surkhamp é publicado (daí, em parte, o extenso arco temporal compreendido pelos artigos aqui reunidos). Importante sublinhar, neste sentido, que os textos de Adorno presentes em *Current of Music* mostram, justamente, como Adorno colocara em ação o projeto delineado em 1938-39 no manuscrito "Music in radio", o memorando de 161 páginas que Iray Carone já analisara em "Adorno e a música no ar". O diálogo entre as duas obras é de uma grande riqueza para os estudiosos do rádio, das mídias e da Teoria Crítica em sentido mais amplo.

Outro ponto a ser notado neste fundamental artigo, é que ele incorpora uma análise dos raros textos que Adorno conseguiu efetivamente publicar na sequência de sua participação no Projeto de Princeton (como "A social critique of radio music", que consta em uma edição da *The Kenyon Review* de 1945). Este conjunto de textos inclui o artigo do parceiro de pesquisas de Adorno, Duncan MacDougald ("The popular culture industry", que compareceu na primeira antologia de Lazarsfeld). Artigo este que dava materialidade ao projeto de pesquisas delineado no "Plugging Study" – estudo ainda sob a forma de microfichas que Iray Carone pode analisar à luz dos textos até então publicados. Partindo destes documentos, em diálogo ainda com uma importante pesquisa a respeito dos bastidores da produção da música popular americana no período, Iray Carone aviva para seu leitor as tensões contextuais, acadêmicas e metodológicas que cercaram a *relação entre a teoria crítica adorniana e a pesquisa empírica* durante a construção de um método para a investigação dos fenômenos envolvidos no processo de mediação cultural, e, em especial, do processo de mediação da escuta musical pelo rádio (com suas devidas consequências em termos estéticos).

Ao mesmo tempo em que Iray Carone discute as condições para a recepção acadêmica das pesquisas produzidas por Adorno em território americano, ela realiza um brilhante registro dos trabalhos que estiveram na origem das reflexões desenvolvidas em "On Popular Music", que desembocariam, por fim, no próprio conceito de indústria cultural – argumento exposto e desenvolvido no sétimo e oitavo ensaios aqui presentes ("Indústria cultural e indústrias culturais" e "A face histórica de *On Popular Music*"). O sétimo artigo realiza uma exploração do conceito mesmo de indústria cultural – de seu caráter metafórico ao paralelo "manufatureiro" –, trazendo uma importante discussão acerca da banalização atual do conceito e do risco que este esvaziamento do termo comporta para a perda de seu potencial crítico. O oitavo texto, por sua vez, faz ver como a recepção dos estudos de Adorno sobre a música popular muda de perspectiva a partir da publicação de *Current of Music*, bem como perante a análise do memorando "Music in radio" que ela nos apresenta. "On Popular Music", defende Iray Carone, realiza a verdadeira "entrada em cena" da *fisiognomia do rádio* proposta por Adorno em suas pesquisas anteriores sobre o rádio. Ao longo deste trabalho, ela consegue valer-se deste conjunto de materiais de forma paralela, análise que então se completa, reafirmando as teses defendidas pela autora em seus primeiros escritos sobre a existência de uma linha de continuidade dos trabalhos de Adorno sobre a música e a cultura.

Estes artigos reunidos já bastariam para contemplar o leitor com uma obra do mais notável relevo. Mas Iray Carone nos presenteia ainda com outros quatro artigos, que se entrelaçam à temática em pauta para compor o quadro analítico oferecido pelo livro. A descrição contida em "O dia das bruxas de Orson Welles", do episódio no qual a novela *A guerra dos mundos* é transmitida nas rádios americanas (e depois no Equador), presentifica para o leitor o poder do rádio em seu período áureo. Poder este que justifica as preocupações dos pesquisadores e da própria autora com o fenômeno.

O artigo "A obsessão pelo jazz" discute, a seu turno, as críticas que Adorno até hoje recebe por seus ataques ao *jazz* como gênero musical, consideradas preconceituosas e parciais, frutos de um suposto e indesculpável "elitismo cultural" adorniano. Iray Carone defende, a partir das análises musicais que Adorno empreendeu de peças de música popular constantes em *Current of Music* (além do papel do jazz na Alemanha e de alguns mal-entendidos), que Adorno não seria, em princípio, contra a música popular, e que o alvo de sua crítica estaria na institucionalização de um modelo de produção cultural que se sobrepunha às obras mesmas, compelindo-as à padronização. Enquanto, por outro lado, o rádio concorria para introduzir no sistema um ouvinte cada vez mais incapaz de demandar uma escuta estrutural da música – alimentando um ciclo de produção de lixo cultural em larga escala. O que oferece um acurado prognóstico sobre o declínio na qualidade da produção musical, que fez apenas se confirmar de lá para cá.

O último artigo do livro dedica-se ao papel que o ouvinte do rádio acaba exercendo neste circuito, abordando o conceito adorniano de regressão da audição presente nos manuscritos de 1938. O conceito, como se sabe, fora já enunciado em 1938 no artigo de Adorno "O fetichismo da música e a regressão da audição", publicado na revista do Instituto de Pesquisa Social. No memorando que Adorno dirigira à equipe de Lazarsfeld na mesma época, torna-se possível, contudo, desvelar este conceito, que dialoga tanto com a psicanálise como com outros conceitos adornianos, explicitando a tese de que a regressão da audição não opera apenas como fenômeno social em comunicação, mas atende a funções psicológicas específicas, participando de forma profunda na psicologia do ouvinte do rádio. Motivo este que será apontado por Adorno como justificativa para seu combate à proposta em voga nos primórdios da rádio-transmissão americana, de oferecer uma educação musical pelo rádio, não passaria, para Adorno, de um paliativo moralizador, incapaz de alimentar uma experiência verdadeira de escuta da música séria pelo ouvinte em formação.

Iray Carone nos lembra que o lastro crítico oferecido a partir de sua relação com a pesquisa de campo, concorreu para que Adorno acertasse em cheio em suas análises e previsões, como o desenvolvimento posterior da indústria cultural assinala. Isto significa, antes de mais nada, que seguir nesta linha de pesquisa mostra-se essencial para manter a Teoria Crítica viva e politicamente relevante nos dias de hoje.

Os cursos de Filosofia, isolados em uma tradição conformada pela própria rigidez das estruturas universitárias, tendem a transformar Adorno em um filósofo especulativo, herdeiro da velha escola ocidental. Sob esta leitura, esquece-se que Adorno foi em grande medida responsável por trazer a pesquisa empírica para dentro do Instituto de Pesquisa Social - que tem aliás, a palavra "pesquisa" incorporada a seu próprio nome. Além dele ter coordenado um conjunto grande de pesquisas sociais, sob a direção de Adorno, após sua volta para a Alemanha, o Instituto de Pesquisa Social assistiria à continuidade no desenvolvimento desta linha de trabalhos empíricos, voltando-se para a investigação da opinião pública e consciência política alemã após a queda do nazismo nos anos 1950. Destaque-se aí os trabalhos em torno ao "grupo experimental", coordenados por F. Pollock e à sistematização metodológica à qual Adorno dedica-se neste ínterim (com observações minuciosas a respeito dos diferentes instrumentos passíveis de emprego em pesquisa social e das diferenças acerca dos resultados a obter em pesquisas quantitativas e qualitativas, por exemplo).

Para encerrar estas breves considerações, a título de apresentação, gostaria apenas de esclarecer que minha intenção com este breve foi tão somente contribuir para localizar este pedaço importante da produção da profa. Iray Carone dentro de sua própria obra, e também dentro do quadro mais geral da produção cultural e acadêmica a respeito dos temas e perspectivas aqui adotados. Que, agora, o leitor possa usufruir diretamente do contato com os extraordinários escritos aqui reunidos. Os textos falarão por si.

Luciana Dadico

Doutora em Psicologia, pesquisadora e professora universitária.
Pós-doutora em Psicologia na Universidade de São Paulo e estágios na Scuola Normale Superiore di Pisa e na Universidade da Califórnia, em Berkeley.

Adorno e a música no ar: *The Princeton Radio Research Project*[1]

Iray Carone

O grande plano de um estudo sobre a radiodifusão nos Estados Unidos, conhecido como *The Princeton Radio Research Project*, surgiu da Fundação Rockefeller. Em 1933, um comitê foi incumbido de rever as atividades da fundação e propôs uma série de recomendações para os programas futuros. Uma delas foi dirigida à Divisão de Humanidades para estudar outros meios de comunicação de massas além da imprensa. O diretor da divisão era David Stevens, que incumbiu seu assistente, o historiador John Marshall, de levar adiante as recomendações do comitê. Marshall deu início, em 1934, à busca de pesquisadores competentes para o desenvolvimento de uma pesquisa ampla sobre o rádio. Hadley Cantril, professor da Universidade de Princeton, foi escolhido para a realização dessa tarefa, sobretudo por ter escrito um livro com Gordon W. Allport, *The psychology of radio*, a respeito da influência psicossocial da radiodifusão, iniciada em 1922, na população norte-americana.

Por meio de Robert Lynd, sociólogo e professor da Universidade de Columbia, Cantril entrou em contato com o emigrado Paul Felix Lazarsfeld, que trabalhava com métodos estatísticos num centro de

1 Publicado originalmente em *Tecnologia, cultura e formação ainda Auschwitz*, organizado por Bruno Pucci, Luiz Antônio Calmon Nabuco Lastória e Belarmino Cesar Guimarães da Costa, São Paulo, Cortez, 2003, p. 75 a 86.

pesquisas da Universidade de Newark, Nova Jersey. Após muitas negociações, em 1937, o projeto de Princeton passou para as mãos de Lazarsfeld e para o seu centro de pesquisas em Newark. Não foi desenvolvido, portanto, na Universidade de Princeton, mas sim na Universidade de Newark; posteriormente, em 1939, com a mudança do centro de pesquisas "sociométricas" de Lazarsfeld para a Universidade de Columbia, em Nova York, ele se tornou o projeto-embrião do *Bureau of Applied Social Research* (BASR).

O projeto original da pesquisa tinha apenas sete páginas, sendo mais uma carta de intenções do que um projeto de pesquisa sobre a radiodifusão. Seu título pomposo já dizia tudo: "The essential value of radio to all types of listeners" [O valor essencial do rádio para todos os tipos de ouvintes]. O financiamento, dirigido inicialmente para a *School of Public and International Affairs* da Universidade de Princeton, era de 67 mil dólares, em dois anos de duração. Segundo Lazarsfeld, a formulação do objetivo do projeto era intencionalmente vaga, mas colocava certa ênfase no método e na pesquisa estatística:

> O objetivo principal deste projeto é estudar o valor do rádio para todos os tipos de ouvintes. Desejamos ser capazes de responder às seguintes questões: qual é o valor do rádio para ouvintes de idades, níveis culturais e socioeconômicos (p. ex., qual o papel que desempenha na vida do ouvinte?) diferentes, de áreas geográficas diversas? Quais são as diferenças rurais e urbanas? Quais são as informações que as pessoas adquirem pelo rádio? Quais são as mudanças e programas sugeridos oferecidos por ouvintes de vários tipos? Para cumprir esse objetivo, entretanto, devemos primeiro determinar as respostas às seguintes questões, por amostra representativa da população: 1. Quem ouve?; 2. Onde a audição acontece?; 3. Quando a audição acontece?; 4. O que é

ouvido?; 5. Por que as pessoas ouvem?; 6. Como as pessoas ouvem?; 7. Quais são os efeitos da audição?[2]

De acordo com essa proposta, duas operações seriam necessárias: 1. Submeter alguns grupos de pessoas da população a um certo número de diferentes tratamentos metodológicos e observar as suas reações; 2. Selecionar e recomendar os procedimentos que produzissem o efeito desejado, dado o relativo desconhecimento de técnicas para o estudo de um meio de comunicação de aproximadamente quinze anos de existência. Em suma, a pesquisa tinha como objeto principal o estudo das reações dos ouvintes aos vários tipos de programas do rádio (e dos vários tipos de músicas), bem como selecionar os procedimentos mais adequados para o estudo de um meio de comunicação ainda cientificamente desconhecido.

A pretensão da fundação que recomendou e financiou a pesquisa era a de conhecer os vários tipos de audiências em diferentes partes do país e de analisar as programações que pudessem melhorar seu nível cultural (*good music to the masses*), tomando o rádio como veículo principal dessa transformação. Era, segundo Adorno, uma proposta de "pesquisa administrativa"[3] ("com intenções benevolentes" no dizer de Lazarsfeld), que buscava o conhecimento imediato das atitudes dos ouvintes ou de suas reações diante da "boa música"

---

2 "The essential value of radio to all types of listeners" (original draft), p. 3, Lazarsfeld Papers, Nova York: Universidade de Columbia, 1937.

3 "Mas entendi o suficiente para me dar conta de que se tratava de coleta de dados dos passos da planificação no campo dos meios de comunicação de massas, em benefício, quer da indústria imediatamente, quer dos assessores culturais e agremiações semelhantes. Pela primeira vez, via diante de mim administrative research: hoje já não recordo se foi Lazarsfeld quem cunhou esse conceito ou se fui eu em meu assombro diante de um tipo de ciência diretamente orientada para o prático, coisa para mim insólita" (Theodor W. Adorno, *Palavras e sinais: modelos críticos* 2, Petrópolis: Vozes, 1995, p. 142).

transmitida pelas emissoras, sem questionar os padrões estereotipados implícitos no conceito de boa música e até mesmo sem levar em consideração os condicionantes sociais do ouvido musical do ouvinte.

O projeto de Princeton e a participação de Adorno

O meu interesse pelo projeto de Princeton nasceu da constatação de que era referido pelos historiadores da Escola de Frankfurt como o *primeiro episódio* de contato de Adorno com a sociologia positivista norte-americana e de confronto direto com a indústria cultural, antes mesmo de ela ser assim reconhecida e nomeada. Esse episódio abrange o período de 1938 a 1941, quando Adorno aceitou o convite de Lazarsfeld para participar do projeto sobre a radiodifusão nos Estados Unidos financiado pela Fundação Rockefeller.

O Instituto de Pesquisa Social da Escola de Frankfurt já estava instalado, desde 1934, na Universidade de Columbia em Nova York, e Horkheimer alimentava a vontade de trazer Adorno para os Estados Unidos em função do perigo da expansão do nazismo na Europa. A oportunidade surgiu quando Lazarsfeld, que tinha anteriormente recebido auxílio financeiro do instituto para o seu centro de pesquisas em Newark, passou a precisar de alguém extremamente capacitado para dar conta da seção de música da programação radiofônica, que ocupava uns 60% do tempo das transmissões. Segundo seu relato biográfico, Lazarsfeld tinha conhecimento das análises musicais de Adorno, publicadas na década de 1930, e considerava enriquecedor o "encontro" da sociologia positivista de sua equipe com as idéias críticas de Adorno.

Embora esse episódio seja relatado em artigos de Adorno e Lazarsfeld de modo não coincidente, o conhecimento íntimo das divergências só poderá ser bem avaliado mediante a leitura dos textos de Adorno produzidos no período de 1938 a 1941. Mas onde estavam? Qual sua importância no contexto da obra de Adorno? Por que alguns permaneceram nos arquivos de Lazarsfeld e outros foram publicados apenas nos anos 1940?

Na verdade, nem mesmo o texto do projeto de Princeton é de conhecimento público e encontra-se ainda no arquivo *Lazarsfeld Collection*, da Universidade de Columbia, Nova York. Esse foi o primeiro objetivo da nossa pesquisa: conhecer as origens do projeto e a sua formulação original.

O segundo foi conhecer os pontos de vista de Adorno, expressos num memorando de 26 de junho de 1938, "Music in radio", que contrariavam frontalmente a proposta original do projeto de Princeton, embora propusessem um caminho dividido em três momentos (produção da música, reprodução técnica da música e recepção), que deveria desembocar, ao final, no estudo das reações dos ouvintes.

O terceiro objetivo foi recolher toda produção de Adorno sobre a música no rádio, de 1938 a 1941, arquivada em microfilmes e microfichas da Universidade de Columbia.

A pesquisa concentrou-se, portanto, na busca de *fontes primárias* da seção de música do projeto de Princeton, e é com esse material que pretendo fazer esta exposição. O que já posso adiantar é que Adorno naufragou no seu propósito de mostrar que o estudo da radiodifusão não deveria começar pelo ouvinte do rádio e pela recepção da música, mas sim pela produção industrial da música e por sua reprodução técnica no rádio, analisada com base em uma "teoria social da música no rádio", a fim de traçar uma "fisiognomia do rádio".

Na verdade, tanto não agradou que não foi recontratado para dar continuidade ao estudo da música radiofônica pela Fundação Rockefeller. No entanto, isso não quer dizer que a produção resultante de sua participação no projeto, desvalorizada na época e duramente criticada durante décadas, já não contivesse elementos relevantes para o estudo da crítica da indústria cultural. Muito pelo contrário: ela é tão importante que, de algum tempo para cá, está saindo dos arquivos.

O trabalho mais conhecido é, sem dúvida, "On popular music". Foi publicado em 1941 pela revista do Instituto de Pesquisa Social, ou seja, não foi incluído na primeira antologia de Lazarsfeld e Frank Stanton, *Radio research 1941*, que continha os resultados das investigações da equipe. O único artigo de Adorno incluído nessa antologia, não republicado, mas paradoxalmente muito citado, é "The radio symphony: an experiment in theory".

O trabalho que revela, contudo, os conflitos com a equipe de Lazarsfeld e com o próprio Lazarsfeld, é o longo memorando de 161 páginas, "Music in radio", datado de 26 de junho de 1938.

Nos espaços laterais do documento,[4] Lazarsfeld manifestou, em letras garrafais, ora em inglês, ora em alemão, suas discordâncias e críticas acerbas às teses de Adorno, principalmente sobre a regressão da audição do ouvinte de rádio. O ponto crítico era, pois, o da recepção da música pelo ouvinte de rádio. Em última análise, o ponto de vista que prevalecia na equipe de Lazarsfeld era o de que Adorno não possuía hipóteses empiricamente verificáveis, cujo "erro" metodológico consistia precisamente em ser teoricamente enviesadas.

A contra-argumentação de Adorno, contida no memorando, consistia em mostrar que os dados colhidos dos ouvintes (os seus *likes and dislikes*) pela equipe não eram, senão aparentemente, "dados primários", e sim determinados pelo sistema de produção comercial das músicas e pela sua reprodução técnica pelo rádio. Em suma, eram dados determinados e produzidos em harmonia com o sistema inteiro de produção e reprodução musicais: o ouvinte não selecionava ou preferia as canções de modo espontâneo e livre, mas era subjetivamente levado a crer que assim o fazia. Do ponto de vista da teoria

4 Nas laterais do documento, Lazarsfeld fez comentários do tipo: "Idiotisch", "Cultur Fetisch" e "Fetisch" (para o uso de palavras latinas no texto de Adorno); "How sloppy!"; "Without content" etc., principalmente na parte relativa à recepção dos ouvintes, ponto maior de incompatibilidades.

crítica de Adorno, seria um erro grave de pesquisa tomar como "dado primário" o que não era, em definitivo, senão algo imposto por todo o aparato de produção e de reprodução musical aos ouvintes como "seleção pessoal".

Esse é o poder de engano da indústria cultural: ela não parece subordinada ao sistema de produção mercantil, tampouco parece reduzir a nossa liberdade de escolha. Por essa razão, trabalha necessariamente com a liberdade aparente do seu destinatário, roubando seu poder de discriminação, mas proporcionando a ele, ao mesmo tempo, satisfações substitutivas e alienadas com os seus artefatos. Como os lotófagos da passagem da *Odisseia*,[5] temos dificuldade em perceber que estamos dominados pela droga diária que recebemos, esquecidos de tudo e com a nossa vontade destruída (passividade), de tal maneira que a crítica que nos desperta para a consciência se parece com a dor insuportável dos marinheiros da frota de Ulisses que voltam a si "à força", "debulhados em lágrimas", "arrastados", "amarrados aos bancos" etc. do paraíso artificial que encontraram.

Além disso, não é um poder ostensivo que possa ser enfrentado de modo imediato, mas sim pela mediação da crítica teórica, que não nos deixa esquecer de que música e sociedade estão intimamente associadas e interpenetradas.

Em 26 de outubro de 1939, um ano depois, num seminário do qual participaram especialistas da área do rádio, donos de emissoras, sobretudo o representante da fundação, John Marshall, Adorno novamente expôs as teses contidas no memorando com uma crítica aberta e um confronto direto aos termos da proposta de pesquisa da equipe

---

5 Passagem da *Odisseia*, em Theodor W. Adorno e Max Horkheimer, *Dialética do esclarecimento: fragmentos filosóficos*, Rio de Janeiro: Zahar, 1985, p. 67. No que tange ao ouvinte do rádio, no memorando de 1938, Adorno refere-se à sua "passividade sensual", como a de alguém sob o efeito de álcool ou narcóticos.

de Lazarsfeld. Apenas seis anos depois, um resumo do seminário apareceu em *The Kenyon Review*, sob o título "On a social critique of radio music",[6] no qual se tem a nítida impressão do malogro de Adorno em se fazer entender pelos estudiosos do rádio. Após o seminário, W. G. Preston, assistente do vice-presidente da NBC, mandou uma carta a John Marshall, da Fundação Rockefeller, na qual concluiu:

> O texto é tão cheio de erros factuais e de opiniões distorcidas, e a sua pretensão de procedimento científico é tão absurda, em vista de suas numerosas asserções arbitrárias, que dificilmente pode ser motivo de consideração séria, exceto possivelmente como propaganda.[7]

Além disso, Adorno fez um projeto de pesquisa denominado "Plugging study",[8] cujo desenvolvimento empírico correu por conta de Duncan MacDougald, a respeito das técnicas de promoção comercial de canções das paradas de sucesso das redes e emissoras de rádio. Resultados dessa pesquisa fazem parte do artigo "On popular music",[9] de Adorno, e de um artigo de MacDougald contido na primeira antologia de Lazarsfeld sob o título "The popular music industry".

Outro estudo adorniano, publicado apenas em 1994, "Analytical study of the NBC 'Music Appreciation Hour'",[10] diz respeito a um pro-

---

6 Theodor W. Adorno, "A social critique of radio music", *The Kenyon Review*, v. 7, p. 208–217, 1945.

7 Citado em David E. Morrison, "Kultur and culture: the case of Theodor W. Adorno and Paul F. Lazarsfeld", *Social Research*, v. 45, n. 2, 1978, p. 340.

8 Theodor W. Adorno e Duncan MacDougald, "Plugging study" (microfichas), *Bureau of Applied Social Research*, Nova York: Universidade de Columbia, 1939.

9 Theodor W. Adorno, "On popular music (with the assistance of George Simpson)", *Studies in Philosophy and Social Science*, v. IX, 1941, p. 17–48.

10 Theodor W. Adorno, "Analytical study of the NBC 'Music Appreciation Hour'", *The Musical Quarterly*, v. 78, n. 2, 1994, p. 326–337.

grama regular de educação em música clássica para crianças e jovens escolares, através das estações da rede NBC, dirigido pelo compositor e regente de orquestra Walter Damrosch.

Em suma, os seis estudos de Adorno, durante a sua participação no projeto de Princeton, versaram sobre a música clássica, semiclássica (*raised entertainment*) e música popular, do ponto de vista de urna teoria social e crítica da música no rádio.

A grande lacuna de sua participação no projeto disse respeito ao estudo da recepção da música pelo ouvinte: ele deu todas as razões para que a pesquisa não começasse pelo ouvinte, mas sem dúvida deveria desembocar no estudo empírico e teórico da audição regredida.[11] Acredito que se Adorno tivesse sido recontratado pela financiadora, o que não ocorreu, teria desenvolvido, por meio de coleta de dados empíricos, uma espécie de *tipologia do ouvinte de rádio*, que já vinha esboçando no memorando "Music in radio" e no artigo "On popular music".

As razões do insucesso de Adorno no referido projeto foram bem expostas pelos historiadores da Escola de Frankfurt, mas há um detalhe importante que tem passado despercebido: a Fundação Rockefeller queria captar recursos financeiros dos donos de emissoras para dar continuidade e ampliar o âmbito da pesquisa no país, mas as críticas de Adorno às programações musicais, o ponto forte do rádio,

---

11 Segundo Dominic Strinati (*An introduction to theories of popular culture*, Londres: Routledge, 1995, p. 74): "A Escola de Frankfurt tem sido caracterizada por duas falhas particulares: o fracasso em fornecer prova empírica para as suas teorias; e a linguagem obscura e inacessível na qual as suas ideias são expressadas. Dos argumentos que venho apresentando de forma sumária, é bastante claro que Adorno fez poucas tentativas para confirmar empiricamente as suas afirmações. Por exemplo, a sua discussão sobre a regressão da audição não faz nenhuma referência a ouvintes reais. Ele se refere mais a um sujeito inferido, definido por sua teoria. Por conseguinte, suas ideias são confirmadas por sua análise, uma vez que não há qualquer meio pelo qual elas possam ser contraditadas pela evidência empírica".

ameaçavam *to rock the boat*, ou seja, arruinar um negócio que estava dando certo junto às audiências e aos clientes de anúncios comerciais, segundo o depoimento de Lazarsfeld para David Morrison, seu biógrafo. O rádio produz como principal mercadoria, a ser vendida para seus clientes comerciais ou anunciantes, os níveis de audiência alcançados pelos seus programas e a capacidade de formar audiências "cativas". Adorno estava, sem dúvida, criando problemas ao negócio do rádio exatamente por mostrar que a música faz parte dele e está subordinada, mesmo nos programas de intenção educativa, aos monopólios comerciais do setor musical.

A radiodifusão, nesse período, estava dominada por três grandes redes de estações afiliadas comerciais: a *Columbia Broadcasting System*, a *National Brodcasting Company* e a *Mutual Broadcasting System*. Em 1937, a NBC tinha 111 afiliadas, a CBS 97 e a MBS, 39. Em 1938, segundo a revista *Billboard*, elas movimentavam aproximadamente 69,2 milhões de dólares anuais. Além disso, o negócio da música envolvia, como uma complexa indústria, os editores dos *sheets* ou partituras com arranjos instrumentais e letras do sistema Tin Pan Alley, os donos de orquestras e arranjadores, as gravadoras de discos, os cantores famosos e suas editoras privadas, os *pluggers* (promotores comerciais de músicas), os *disc jockeys* e a prática da *payola* (suborno usado pelas gravadoras para a divulgação intensiva de músicas na programação radiofônica) das emissoras, os interesses da máquina de produção de filmes sonoros de Hollywood etc.

Segundo dados fornecidos por Cantril e Allport, em 1935,[12] os Estados Unidos possuíam 607 estações de rádio privadas e nenhuma estatal, sustentadas pela propaganda e sem nenhuma proibição ou censura direta da *Federal Communications Commission* (O Brasil, na mesma época, possuía 22 estações privadas; o Canadá, 66 estações,

12 Hadley Cantril e Gordon W. Allport, *The psychology of radio*, Nova York: Harper & Brothers, 1935.

sendo cinco controladas pelo governo; a Rússia, oitenta estações inteiramente controladas pelo governo; a Alemanha, trinta controladas pelo governo; a Grã-Bretanha, 21 pertencentes a corporações públicas e sem licença para propaganda etc.).

Como um perito altamente qualificado em teoria musical, música clássica e *avant-garde* não comercial, além de compositor, Adorno não tinha nenhuma particular motivação para estudar as músicas produzidas pelas corporações monopolistas e consumidas pelas audiências massificadas. Seus estudos sobre a música popular, nesse sentido, foram o meio encontrado para ilustrar o poder da indústria cultural em padronizar a produção musical e formar consumidores sem capacidade de perceber a manipulação comercial no setor de produção e reprodução musicais, em que o rádio desempenhava, sem dúvida, um papel nunca antes realizado por qualquer outro meio de comunicação de massas (o cinema, por exemplo). A grande "arte" da indústria cultural da música era justamente a de não se fazer perceber como indústria, de modo que o ouvinte, o pretenso "rei do rádio" para o qual todos os esforços do bem servir eram feitos, ao escolher suas canções prediletas não sentisse o peso de um sistema inteiro de produção e reprodução sobre as suas escolhas.

Os seis estudos de Adorno, durante sua participação no projeto de Princeton, não representam, contudo, uma parcela importante e significativa de sua musicologia, cujo valor tem sido hoje amplamente reconhecido. Acredito que valem pelo que são: os melhores exemplos ou modelos de crítica da indústria cultural, relativos ao período do apogeu do rádio e da hegemonia da música popular norte-americana no mundo. O caráter exemplar desses estudos vale também para o levantamento de questões metodológicas, ou seja, sobre como tratar cientificamente as particularidades históricas e culturais desse fenômeno das sociedades de massas. Certamente, a era do rádio já passou, mas os textos de Adorno parecem gozar de um caráter extemporâneo, como se retratassem não apenas os anos 1930, mas também as décadas seguintes, até os dias atuais. Ficamos com a impressão, no entanto, de que a situação piorou sensivelmente e que a música popular é hoje apenas um ruído ensurdecedor de nossa triste paisagem cultural.

É importante frisar que esses modelos de crítica da indústria cultural da música são todos, sem exceção, atravessados pela hipótese da regressão auditiva (anterior à participação de Adorno no projeto de Princeton) e pela tentativa de configurar uma *fisiognomia* do rádio, ou seja, de relacionar elementos objetivos e subjetivos numa mesma análise:

> O termo "fisiognomia" e não "psicologia" é usado porque esta seção começa com a descrição de tendências reais e eventos concretos entre o cenário do rádio e o ouvinte; na medida em que essas relações incluem elementos objetivos e subjetivos, elas não podem ser facilmente reduzidas à psicologia. Expressando essa tentativa metaforicamente: o autor está interessado em descrever as "expressões faciais" do rádio de acordo com o seu papel na classe média ou da família burguesa: mostrar os fenômenos que continuamente aparecem e reaparecem assim que o rádio é ligado: o próprio comportamento do rádio e o comportamento das pessoas que a ele respondem.[13]

Na impossibilidade de expor todo o conteúdo dos seis trabalhos de Adorno sobre a música no rádio, escolhemos o memorando "Music in radio", de 1938, porque nunca foi publicado e permite entrever as dificuldades do autor quer com o próprio objeto, quer com a equipe de pesquisa. Além disso, nele Adorno delineia um verdadeiro *research program* (programa de pesquisas), contraposto à proposta inicial do projeto de Princeton, envolvendo a música clássica, a se-

13 Theodor W. Adorno, "Music in radio" (microfilme), *Lazarsfeld Papers*, Nova York: Universidade de Columbia, 1938, p. 16-17.

miclássica e a popular transmitida pelo rádio, do ponto de vista da produção, reprodução técnica e recepção pelo ouvinte.

Foi escrito poucos meses depois que Adorno começou a trabalhar com a equipe de Lazarsfeld e a dirigir a seção de música. Foi lido e discutido por toda equipe, sobretudo por Lazarsfeld, pretendendo ser um texto intermediário, não conclusivo, com múltiplas sugestões de pesquisa de campo e conceitos para constituir uma "teoria social do rádio":

> É uma tentativa de investigar a esfera limitada do rádio como uma espécie de modelo ou microcosmo contendo todos os problemas, antagonismos, tensões e tendências que podem ser encontrados no todo da sociedade. A esfera do rádio pode ser tratada com sucesso principalmente porque a sua novidade prescinde praticamente de todas as aparências tradicionais que escondem o trabalho real do mecanismo da sociedade em sua forma mais desenvolvida em outras esferas da atividade humana.[14]

Desde o início do memorando, Adorno enfatiza que os dados empíricos, que seriam o ponto de partida da pesquisa "sociográfica" de Lazarsfeld, não são primários, brutos, destituídos de pressuposições teóricas e auto inteligíveis. São mediados e mediadores da totalidade social, ou seja, só podem ser compreendidos à luz de uma teoria social.

As pesquisas empíricas sobre o rádio, no entanto, ao partir dos dados coletados dos ouvintes – suas opiniões, aversões e preferências – estão baseadas no suposto que a recepção dos ouvintes não está condicionada por fatores mais amplos. Adorno propõe, então, o caminho inverso: 1. Análise da produção radiofônica em geral, ou seja, da indústria do rádio; 2. Análise dos traços mais específicos de programas

14 *Ibidem*, p. 2.

de rádio, sobretudo da reprodução da música no rádio, para se avaliar como a tecnologia da indústria do rádio afeta a qualidade da música transmitida; 3. Análise da recepção ou das reações típicas dos ouvintes a partir do conhecimento anterior e fundamentado dos fatores condicionantes da audição; 4. Perspectivas da função geral da música no rádio, ou seja, as tendências regressivas e progressistas do uso do rádio na sociedade presente e na futura.

No que diz respeito à produção do rádio, não se pode ignorar que a difusão radiofônica é *business*, o que inclui vender produtos, garantir o patrocínio de empresas comerciais e o uso da máquina da propaganda para captar e conservar a clientela de anunciantes e, por último, promover o consumismo das audiências.

Adorno alertou para o fato de que as programações ditas "educacionais" não são opostas aos interesses comerciais, ou seja, não são o lado "progressista" do rádio. Assim, os programas de música clássica, embora em menor número que os de música popular, são afetados economicamente porque são escolhidas as obras favoritas do grande público, ou seja, as mais vendidas. São escolhidos, também, artistas famosos como se fossem os melhores músicos, embora não o sejam necessariamente (por essa razão, Adorno fez um estudo de um programa de educação de música clássica da NBC).

Quanto à reprodução técnica dos sons instrumentais "naturais" da música no rádio, a sua conversão pelas ondas eletromagnéticas também afeta a qualidade da música. A tecnologia do rádio interfere de imediato nas dimensões acústicas, produzindo diferenças entre os timbres sonoros. Essas forças intervenientes adulteram a música, assim como produzem uma alteração no próprio ouvinte de uma sinfonia e ajusta o volume para as dimensões de seu aposento; no caso contrário, a sinfonia produzirá um barulho intolerável. Mas no caso da música de câmara, pelo contrário, aumentará o volume do som. Tanto a sinfonia quanto a música de câmara são, pois, alteradas em direções opostas às suas dimensões sonoras originais.

A música sinfônica, quando ouvida num aposento privado, perde definitivamente a sua capacidade de criar a "absorção sinfônica". Assim, "entrar" numa sinfonia significa ouvi-la não como algo diante de nós, mas como algo ao redor de nós, como um meio ou espaço no qual se vive enquanto a ouvimos. No artigo sobre a sinfonia no rádio,[15] Adorno utiliza um exemplo da arquitetura para representar os efeitos da redução da dimensão sonora: em Gênova, há um sepulcro que é uma imitação em miniatura da catedral de Milão; essa redução não é apenas quantitativa, mas também qualitativa, pois a impressão causada pela imitação é a mesma das esculturas em açúcar dos bolos de casamento. A "dinâmica absoluta" de uma sinfonia pode ser comparada às dimensões absolutas de uma catedral, na qual a dimensão do corpo humano é totalmente envolvida.

> Todas essas qualidades são afetadas pelo rádio. O som deixa de ser "mais espaçoso" do que o indivíduo. No quarto particular, a magnitude do som causa desproporções que o ouvinte tenta amortecer. A função "ambiental" da música também desaparece, em parte por causa das diminuições das dimensões absolutas, em parte por causa das condições monoaurais da transmissão radiofônica. O que resta, mesmo no caso de uma reprodução adequada dos coloridos sonoros, é uma simples sinfonia de câmara.[16]

A sinfonia torna-se uma mercadoria cultural, no sentido de que é aceita como uma peça de museu destituída de sentido imediato e vivo para o ouvinte. Este se torna um ouvinte distraído, que não consegue concentrar a atenção no que está ouvindo. É como se ele se

---

15 Theodor W. Adorno, "The radio symphony: an experiment in theory", in: Paul Felix Lazarsfeld e Frank Stanton (orgs.), *Radio research 1941*, Nova York: Duell, Sloan and Pearce, 1941, p. 110-139.

16 *Ibidem*, p. 119.

vingasse, pela audição distraída, desatenta e desinteressada, da distância imposta entre ele e a música sinfônica.

A música clássica perde sua aura de obra de arte mesmo quando é transmitida ao vivo para os ouvintes. Os concertos de Toscanini executados pelo próprio maestro no rádio não conseguem impressionar de modo diferente os seus ouvintes. Não são, nesse sentido, obras de arte com a aura da singularidade, mesmo quando os aplausos são transmitidos no momento da execução. A falta de efetividade em conservar e transmitir as qualidades auráticas dos concertos musicais pode ser mostrada pelas próprias cartas e telefonemas dos ouvintes, que protestam contra os aplausos como se fossem pré-gravados.

Outro problema com a reprodução pelo rádio é que deixa de ter sentido a diferença entre composição e interpretação, na medida em que o ouvinte não consegue discriminar fenômenos que fazem parte da interpretação, ou seja, fazer a distinção entre os elementos da subjetividade do intérprete e os elementos da objetividade da composição.

De modo contraditório, no entanto, o rádio fomenta o "culto da personalidade interpretativa" nos *personality programs*, simplesmente para criar uma aparência fascinante, mítica e mágica que pouco ou nada tem a ver com a qualidade musical da performance. Adorno julga que o rádio é, nesse caso, um executor de tendências objetivas de desindividuação na vida musical: a falta de interpretação e a interpretação aparente. A glorificação dos "grandes intérpretes" pelo rádio, sobretudo quando referida aos regentes de orquestras, serve apenas ao propósito de popularizar os concertos. O próprio conceito de música clássica foi convertido num fetiche, é completamente irracional e oculta a veneração do sucesso e da aceitação social.

Em outras palavras, a expressão "música clássica" deixou de ter sentido técnico/musical, e seu sentido abstrato inclui qualquer coisa que tenha se tornado um fetiche cultural para as massas: "sucesso", "prestígio" etc. Por essa razão, Tchaikovsky é colocado entre os clássicos na América, embora seu sucesso e sua popularidade não correspondam efetivamente ao estilo clássico:

> Teremos de defini-lo [o estilo clássico] como o estilo da obra antifônica encontrado especialmente em Haydn, Mozart e Beethoven. Como um dos principais critérios de estilo de música clássica, no sentido mais estrito, mencionamos aqui a sua relação com a consciência do tempo. A obra antifônica almeja controlar o tempo em um tão alto grau que até mesmo, comparativamente falando, os intervalos longos parecem estar integrados num intervalo bem curto. O primeiro movimento da Quinta de Beethoven, ou talvez mesmo a Sétima Sinfonia, ou o primeiro movimento da Appassionata, se corretamente tocados, devem parecer durar apenas um segundo.[17]

A sinfonia clássica (e não a romântica, pós-Beethoven) é antifônica porque produz o que se poderia chamar de "suspensão da consciência do tempo" por parte do sujeito envolvido na sua "catedral de sons". Essa capacidade de contração temporal deriva da própria forma sinfônica, enquanto música clássica: uma unidade temática e dinâmica na qual cada detalhe, tão espontâneo quanto possa parecer, é absorvido no todo. No entanto, os programas de música clássica no rádio costumam atomizar a obra sinfônica, separando os temas melódicos do seu desenvolvimento. Por essa razão, os ouvintes desejam reconhecer as "grandes sinfonias" pelos seus temas melódicos, como se eles fossem as próprias sinfonias.

Além disso, o rádio não costuma incluir, nos programas de música séria, a música séria moderna da Segunda Escola de Viena, sob a alegação de que o público tem aversão a ela, não a compreende e não consegue acompanhá-la. Mas a dificuldade para compreender e acompanhar a música moderna é a mesma ou não é muito diferente daque-

17 Theodor W. Adorno, "Music in radio", *op. cit.*, p. 54.

la de acompanhar a música clássica de Beethoven, por exemplo. Por outro lado, muitos compositores apresentados como modernos pelo rádio não são, tecnicamente, modernos, porque a sua modernidade baseia-se unicamente no fato de que ainda estão vivos, embora sejam convencionais e *old-fashioned* nas composições, tal como Sibelius.

Outra questão é que, no rádio, prevalecem as músicas das classes médias, as massas modernas, que constituem a maior audiência do rádio, sobretudo nos programas de "entretenimento elevado". Essas músicas, de acordo com algumas classificações, não eram nem clássicas nem populares, mas semiclássicas. Os programas de entretenimento elevado tinham a pretensão explícita, segundo a NBC, de não só popularizar a arte da música, mas também de elevar a música popular à condição de arte.

Segundo Adorno, a arte da música não apenas sofre deterioração ao ser assim popularizada, mas também a música popular degenera assim que é "dignificada" por esses programas. Exemplos dessas programações: *Marcha fúnebre*, de Chopin; *Suíte arlesienne*, de Bizet; *Peer Gynt*, de Grieg, *Traumerei*, de Schumann; ""O sole mio" e "Santa Lucia" etc. Tais músicas não foram produzidas pelo e para o rádio, mas foram por ele programadas para representar o "tesouro cultural" das classes médias e glorificar "os velhos bons tempos".

O jazz, segundo Adorno, apresentava os mesmos traços conservadores da música de entretenimento elevado, até mesmo pela pretensão dos seus músicos em considerá-lo superior à música popular por causa do ritmo sincopado, das harmonias dissonantes e das improvisações instrumentais em torno dos temas melódicos. A maior parte do memorando é dedicada à análise e crítica do jazz, mas em linhas gerais não difere muito daquilo que Adorno já vinha considerando em suas análises musicais anteriores. Aliás, deveria mesmo ser o centro da pesquisa sobre a música popular, porque a maior parte da música tocada no rádio era devotada ao jazz ou a músicas com arranjos jazzísticos das *big bands* da época (Paul Whiteman e Guy Lombardo, citados por Adorno).

Após ter colocado suas teses prévias sobre a produção musical e a reprodução técnica da música no rádio, Adorno fez preparativos para entrar na parte estritamente empírica do projeto, ou seja, no estudo do ouvinte do rádio.

> Pode-se dizer que enquanto as duas primeiras partes deste memorando são essencialmente teóricas (embora construídas sobre a base da informação empírica), a terceira parte é essencialmente empírica. Sua questão central é a seguinte: como o mecanismo do rádio e suas implicações sociais atuam de modo efetivo sobre os ouvintes individuais e como se encontram expressos nas reações dos ouvintes. Essa análise é, na íntegra, válida corno um meio de verificação. Certos comportamentos, reações e motivações são esperados, com base nas partes teóricas, e o tratamento da recepção concreta terá de mostrar o quanto tais expectativas teóricas estão justificadas e ajudarão no caso de alterá-las. Por outro lado, as investigações empíricas deverão ser limitadas às teses teóricas a ser verificadas.[18]

Em outras palavras, a teoria adorniana do rádio supunha que os momentos da produção musical e da reprodução estariam mediados pelo momento da recepção, ou seja, nos modos pelos quais o ouvinte ouve.

Como é, pois, que o ouvinte ouve? Quais são as suas atitudes diante da música reproduzida pelo rádio: concentração, distração, lembrança, esquecimento etc.? Quais serão as motivações conscientes, pré-conscientes e inconscientes de suas atitudes gerais diante da

18 *Ibidem*, p. 99-100.

reprodução musical pelo rádio? Quais são os efeitos emocionais da audiência da música reproduzida no rádio?

É preciso saber, também, como é que as emissoras determinam e conhecem as reações que causam nos ouvintes, bem como saber como é que tais reações interferem na produção de programas radiofônicos.

Adorno propôs, então, a construção de modelos e de amostras limitadas, embora não muito pequenas em adequação aos modelos, na medida em que grandes levantamentos estatísticos pouco ou nada serviriam para o estudo dessas questões. De modo geral, propôs os procedimentos de entrevistas com os ouvintes, embora advertindo que o entrevistador deveria ser preparado para controlar as racionalizações do entrevistado diante de questões subjetivas. Isso significava que as entrevistas deveriam, de preferência, ter um caráter indireto e projetivo ou, no mínimo, proporcionar a associação livre dos sujeitos. As cartas de fãs recebidas pelas estações poderiam servir não só de fonte de "inspiração" para as entrevistas, mas também fornecer dados sobre a recepção (Adorno leu centenas de cartas endereçadas às estações de rádio tentando uma análise preliminar do perfil psicológico dos remetentes).

As estações de rádio costumam realizar pesquisas com os ouvintes a respeito do que o ouvinte ouve, mas elas são de pouca serventia quando se quer saber *como o ouvinte ouve*. Assim, um ouvinte numa sala de concertos se comporta de modo muito diferente quando ouve a mesma música na sua casa. Ele a ouve enquanto se senta, fica de pé, se movimenta pela casa, antes das refeições, durante as refeições, deitado na cama etc. Se uma sinfonia é ouvida dessa maneira, ela não está exigindo a atividade de concentração, pois convoca a regressão da audição do ouvinte para um estado de passividade sensual, mera distração prazerosa.

A equipe de Lazarsfeld opunha-se à técnica de entrevistas proposta por Adorno, com base no argumento de que as reações dos ouvintes deveriam ser estudadas de modo imediato, enquanto estivessem ouvindo uma música ou qualquer outro tipo de entretenimento do rádio, e não quando falassem ou refletissem a respeito. As reações deveriam ser detectadas e medidas por um *program analyser*, uma invenção técnica de Lazarsfeld e Frank Stanton, patenteado pela CBS, que continha um dispositivo para o ouvinte, em situação experimental, acionar botões de *likes and dislikes* enquanto ouvia um programa de rádio.

Adorno, no entanto, não renunciou à ideia das entrevistas, embora concedesse que se poderia fazer uma combinação de procedimentos: em primeiro lugar, experimentos com os ouvintes pelo *program analyser*; em seguida, realização de entrevistas com as mesmas pessoas quando a música não estivesse sendo tocada. Dessa maneira, diferenças poderiam ser encontradas entre as reações imediatas de prazer e desprazer e as racionalizações construídas, às vezes de modo contrário às reações imediatas.

> Devemos, de novo, enfatizar o fato de que entrevistas sobre músicas são muito mais difíceis do que entrevistas sobre assuntos políticos, por exemplo, porque a esfera total da experiência musical é muito menos consciente que outras esferas e muito menos adaptada aos meios de expressão; é muito mais difícil expressar em palavras a real experiência musical do que aquela em outros campos. Por essa razão, métodos indiretos e interpretativos dos resultados da entrevista devem ser usados, em lugar de tomá-los como dados inquestionáveis.[19]

A máquina inventada por Lazarsfeld e Stanton não poderia, por exemplo, servir para a análise das motivações das reações de prazer e desprazer dos ouvintes. As entrevistas teriam o poder de induzir o ouvinte a uma espécie de introspecção, não só fornecendo um

19 *Ibidem*, p. 102.

conhecimento imediato ao pesquisador, mas também o ajudando na interpretação psicológica dos dados das entrevistas. As próprias emoções dos ouvintes permitiriam o acesso ao papel desempenhado pela educação musical no desenvolvimento psicológico da personalidade do ouvinte.

Embora a esfera das emoções cubra apenas uma pequena parte da produção musical – a romântica – deve-se distinguir, diz Adorno, entre os *efeitos emocionais* e as estruturas das composições musicais que servem para a *expressão emocional*, tal como as obras de Puccini e Tchaikovsky. Os efeitos emocionais podem resultar da liberação de tendências inconscientes do indivíduo, comparáveis aos efeitos do álcool e de narcóticos, sem ter nada a ver com as caraterísticas da música ouvida. Na realidade, os músicos profissionais praticamente não choram quando ouvem ou executam uma composição romântica.

Embora haja, de acordo com Adorno, pelo menos dois tipos diferentes de liberação de energia sexual reprimida relacionados com a audição de música romântica e do jazz, o processo de liberação é o mesmo: o reprimido busca satisfação sexual num objeto substituto não erótico (a música). A música, nesses casos, não vale por si mesma, mas contribui para a dessexualização da sexualidade. Assim, é comum encontrar em entrevistas com ouvintes de rádio, essa indicação vetorial do desejo: a música como preenchimento do desejo de ser feliz.

O correio dos fãs, juntamente com as entrevistas, pode também servir como fonte de pesquisa e verificação de teses sobre a música no rádio. Mesmo considerando que nem todos os ouvintes estejam representados por aqueles que mandam cartas às emissoras:

> É nossa opinião que os sintomas neuróticos encontrados em todas as cartas de fãs (e essa opinião é confirmada por um psicólogo) podem ser indícios do mecanismo do rádio, que marca o ouvinte de rádio como um todo. Descobriremos,

> provavelmente que o escritor de cartas de fãs é apenas menos inibido para expressar essas tendências do que aqueles que não as escrevem. Ele dá voz à sua raiva sem restrições e ao seu narcisismo entusiástico sem se envergonhar.[20]

De alguma maneira, portanto, a análise qualitativa das cartas de fãs poderia levar a alguma conclusão de ordem genérica: os menos inibidos falam pelos mais inibidos, o particular como um sintoma do universal. Adorno diz que, na Europa, prevalecia a correspondência "lunática" e raivosa, enquanto na América, de acordo com a sua leitura de centenas de cartas, prevalecia o tom entusiástico, porém acrítico, dos ouvintes de rádio.

Além disso, como o autor de cartas é, de modo geral, um leigo em matéria musical, elas se tornam veículos de expressão dos seus sentimentos e emoções, ou seja, de sua subjetividade psicológica. A música, nesse sentido, favorece muito mais a expressão psicológica do missivista do que outros assuntos.

Outra técnica não apenas sugerida, mas também utilizada, por Adorno era a de criar uma situação para a discussão com os sujeitos da pesquisa sobre algum tema num painel. Os pesquisadores deveriam acompanhar as reações dos sujeitos e suas posições a respeito do assunto em pauta durante a apresentação de alguma música. Por exemplo: durante um programa no qual o sujeito é convidado a tocar diante do microfone, com o propósito de convencer o ouvinte de que a música não é tão séria como se supõe, tem-se a oportunidade de verificar o que Adorno denomina "pseudoatividade". As entrevistas não são suficientes para as análises das atividades dos ouvintes, mas essa situação experimental permite vê-los em ação. Os painéis criam, portanto, a cena para a atividade do instrumentista amador e permi-

20 *Ibidem*, p. 113.

tem que o pesquisador tenha a oportunidade de observá-los em ato e, a seguir, entrevistá-los.

A pseudoatividade é aquela proporcionada pelo rádio que aparentemente concede ao ouvinte a posição de sujeito de sua ação. Corresponde ao que hoje se denomina "interatividade" com o espectador de televisão. Sob a categoria de pseudoatividade, Adorno abrange: 1. O poder concedido pelo aparato do rádio de o ouvinte desligar o rádio ou mudar de estação; 2. A atitude tomada pelo ouvinte quando ouve de modo desatento a música transmitida, relegando-a à condição de fundo musical de suas atividades; 3. A atitude de o ouvinte se interessar apenas pelos aspectos técnicos da transmissão, ajustando o *dial*, controlando os ruídos e o volume etc., como se estivesse efetivamente atuando sobre o rádio; 4. a atitude de o ouvinte tentar produzir, com seus instrumentos, a música reproduzida pelo rádio.

No primeiro caso, é sua falta de poder que se manifesta ao desligar o rádio. No segundo, é a regressão da audição, porque, ao não se concentrar, não analisa as qualidades ou falta de qualidades do que ouve. No terceiro, sua atividade é também desconcentrada porque ele age com o rádio tal como faz com seu automóvel: prestando atenção apenas no mecanismo da máquina sem atentar para o seu verdadeiro uso. No quarto, o ouvinte é encorajado pelo próprio aparato do rádio a ter uma atitude anti-intelectualista com relação à música, convertendo-a em mera distração ou diversão: é um apelo "democrático" que obedece a fins não democráticos, sintonizado com a tendência geral da deterioração da música.

Na última parte do memorando, Adorno discute as possibilidades de uma reforma do rádio por reconhecer que este exerce uma função social real. A grande questão é a de não se deixar levar por um utopismo barato, porque supor que mudanças fundamentais sejam possíveis dentro das limitações de um campo que determina a pseudoatividade dos ouvintes é sucumbir à própria pseudoatividade.

O rádio é, de fato, uma utilidade pública, mas está a serviço dos poderes da ordem social presente. A desilusão é indispensável para qualquer sugestão positiva que se possa fazer para o aperfeiçoamento do aparato do rádio: sem essa visão crítica, o reformador pode ser tragado pelas armadilhas em cada passo que vier a dar. Estas não são, entretanto, inventadas pelos donos de emissoras e patrocinadores de programas. São parte do caráter de nossa sociedade, não fruto da má vontade de "indivíduos egoístas" que têm plena consciência do que estão fazendo. Na verdade, diz Adorno, até o egoísmo pode ser mais positivo que as intenções virtuosas de educadores pedantes, burocráticos e de mente estreita, tais como os educadores musicais.

As sugestões de Adorno são as seguintes: emancipar o rádio da imitação do som "natural" por meio de sua reprodução técnica; melhorar os programas de rádio eliminando os programas de "entretenimento elevado"; aperfeiçoar as faculdades críticas dos ouvintes com pro gramas destinados a isso; destruir a aura do "entretenimento elevado", ou seja, de vulgarização da música clássica e de elevação pretensiosa da música popular etc. Tais sugestões dizem respeito, no conjunto, à produção, reprodução e recepção do rádio na área da música e correspondem às limitações impostas pelos poderes existentes na nossa sociedade. A questão que as atravessa é a da deterioração cultural em curso e aos seus efeitos psicossociais de regressão da audição, pseudoatividade, desindividuação etc.

Em suma, embora o memorando em questão tenha caráter episódico e de documento meramente preparatório para um programa de pesquisas, reflete todas as preocupações de Adorno em construir uma teoria social e crítica do rádio, contrariando a tendência positivista da equipe de Lazarsfeld e a recomendação da financiadora para uma pesquisa não tão radical em suas exigências.

Frankfurt em Nova York: controvérsias sobre o estabelecimento do Instituto de Pesquisa Social na Universidade de Columbia[1]

Iray Carone

Em 1980 surgiu na revista inglesa *Survey* um artigo bastante provocativo de Lewis S. Feuer, "The Frankfurt marxists and the Columbia liberals", sobre as negociações que resultaram no estabelecimento do Instituto de Pesquisa Social da Escola de Frankfurt na Universidade de Columbia, durante uma das várias gestões de Nicholas Murray Butler na sua presidência. Baseado, sobretudo na correspondência preservada nos arquivos da universidade, Feuer pretendeu contrariar a versão dos fatos tal como foi elaborada por Martin Jay em *The dialectical imagination*, em 1973. Embora a resposta de Jay, em 1996, no artigo "Urban flights: the Institute of Social Research between Frankfurt and New York", tenha contestado a versão "conspiratória" de Feuer, a questão não deixa de intrigar, pois as cartas e os memorandos dão bastante pano para as mangas.

Segundo a versão de Jay, o instituto tinha contatos com professores da Universidade de Columbia, tais como Robert Lynd, Robert MacIver, Wesley Mitchell, Charles A. Beard e Reinhold Niebuhr, de

1 Publicado originalmente em *Revista Psicologia Política*, v. 2, n. 3, janeiro a junho de 2002, p. 127–134.

modo que quando Horkheimer fez a sua primeira viagem aos Estados Unidos, em maio de 1934, teve fácil acesso ao presidente "patriarcal" Butler. Para a sua surpresa, ele ofereceu a afiliação do Instituto à universidade e um edifício situado na rua 117, nº 429, lado oeste de Manhattan, conhecido como Morningside Heights. Horkheimer, temendo não ter entendido bem a proposta por causa do seu domínio limitado do inglês, lhe escreveu uma carta de quatro páginas pedindo para confirmar e esclarecer o seu convite. A resposta de Butler foi lacônica e decisiva: "Você me entendeu perfeitamente".

O Instituto se chamava, naquela época, *Société Internationale de Recherches Sociales*; quando se instalou em Columbia passou a ter o nome em inglês: *International Institute for Social Research.* A revista do Instituto teve o nome modificado, nos números 8 e 9, para *Studies in Philosophy and Social Science* (1939/40 e 1941), publicando os seus artigos em língua inglesa. O adjetivo "internacional" se devia à contribuição de intelectuais de esquerda de vários países para a revista, que não eram propriamente membros, mas associados do Instituto. Um deles era Julian Gumperz, de origem norte-americana, que havia crescido na Alemanha e estudado economia na Universidade de Halle. Ele desempenhou um papel importante nas negociações entre o Instituto e a Universidade de Columbia.

Martin Jay (1973) afirma que embora o Instituto tivesse a intenção oficial de se manter livre de qualquer afiliação partidária, Gumperz pertencia ao Partido Comunista Alemão, assim como Karl August Wittvogel e Franz Borkenau.[2] Lewis S. Feuer, no entanto, com base, sobretudo no relato de Hede Massing, primeira esposa de Gumperz, disse que ele nunca foi um membro regular do partido, mas um "*fellow traveller*", ou seja, um simpatizante da facção comunista

2 Martin Jay, *The dialectical imagination: a history of the Frankfurt School and the Institute of Social Research, 1923–1950*. Boston: Little, Brown, 1973

de Heinrich Brandler (expulso em 1929) e um militante das lutas do proletariado na Alemanha.

O papel de Gumperz foi o de intermediar as negociações entre o Instituto e o chefe do Departamento de Sociologia da Universidade de Columbia, Robert MacIver. Elas incluíam os problemas da cessão do espaço pela universidade, do tempo de duração do acordo com ela, dos fundos financeiros e obrigações do Instituto referentes à reforma e outras despesas de uso do prédio da rua 117 (pagamento anual de US$ 200 pelo aquecimento etc.).

A aprovação do plano de estabelecimento do Instituto dependeu, sem dúvida, da proposta oficial de MacIver, enquanto chefe do Departamento de Sociologia, ao presidente Butler. Tudo começou com uma carta de 4 de junho de 1934, na qual MacIver sugeriu que esse "*body of scholars*" (*sic*) já em processo de mudança para os Estados Unidos, fosse acolhido pela universidade, ou seja, que lhe fossem oferecidas "*housing facilities*" (*sic*) na Universidade de Columbia, a despeito da existência de convites semelhantes das universidades de Chicago e Princeton. Acrescentou que o Instituto estava na posição privilegiada de ter os seus próprios fundos fora da Alemanha e do seu notável corpo de intelectuais estar ansioso por receber algum reconhecimento de uma universidade norte-americana.

A sugestão de MacIver, no entanto, partiu da indicação de um membro do Departamento de Sociologia, Robert M. Lynd, pois nunca mostrou conhecimento anterior ou mesmo interesse pelas obras dos frankfurtianos. Não parecia nem ter domínio da língua alemã e lido os artigos da revista *Zeitschrift für Sozialforschung*. Robert M Lynd, por sua vez, numa nota manuscrita de 18 de junho de 1934, endereçada ao secretário da presidência, Frank Fackenthal, se referiu a Horkheimer como "Dr. Hochheimer", parecendo ter pouca familiaridade com os frankfurtianos.

Quão conhecedor era, pois, da obra e da orientação marxista dos frankfurtianos?

Os memorandos mostram que, ao longo das negociações, Lynd tomou consciência de que estava indicando filósofos marxistas e alguns "*fellow travellers*" do Partido Comunista para o presidente de Columbia, que embora se dissesse liberal, na verdade era um republicano bastante conservador. Numa carta dirigida ao secretário Fackenthal, de 25 de junho de 1934, disse que "a única dificuldade neste assunto todo reside no fato do Instituto ter uma tendência radical liberal".[3]

Segundo Feuer, o uso da expressão "radical liberal" foi intencional, porque Butler era muito afeiçoado aos pensadores liberais, tais como John Milton, John Hampden, Thomas Jefferson, Abraham Lincoln, William Gladstone e John Morley. A antítese ao liberalismo, de acordo com Butler, era a doutrina da uniformidade e da conformidade, ou seja, o socialismo e o comunismo. Em outras palavras, ao associar os frankfurtianos à tendência radical do liberalismo, Lynd estava aproximando-os ao ponto de vista do "radicalismo filosófico" de John Stuart Mill e tomando o Instituto compatível com o liberalismo de Butler e de Maclver (também contrário ao comunismo). É sabido, no entanto, que o Instituto nunca teve uma orientação liberal, destacando-se, ao contrário, pela crítica radical às ideologias que exaltam as liberdades individuais como se elas estivessem garantidas e realizadas pela sua mera assunção formal.

O edifício da rua 117 tinha sido uma casa residencial incorporada pela universidade. A secretária de Horkheimer, Alice Maier descreveu o lugar da seguinte maneira: no andar térreo não havia escritórios, mas apenas a cozinha e o quarto da zeladora da limpeza e outras incumbências. No primeiro andar, Marcuse ocupava o aposento da frente e Neumann, o de trás. No segundo andar, Pollock ficava na parte da frente e Lowenthal com o escritório da revista, na parte de trás.

3 Citado em Lewis S. Feuer, "The Frankfurt marxists and the Columbia liberals", *Survey*, v. 25, n. 3, 1980, p. 163.

Horkheimer trabalhava na parte frontal do quarto andar, e as secretárias do Instituto nos fundos. No último andar, havia três ou quatro aposentos menores ocupados como moradia pelo casal Joseph e Alice Maier e por Otto Kirchheimer. Wittfogel e Grossmann, os "comunistas", não tinham escritórios no Instituto; Adorno trabalhava em casa e no Office of Radio Research, em Newark; Erich Fromm também não tinha um escritório particular, embora frequentasse o Instituto quando não estava na Suíça por razões de saúde.[4]

Martin Jay disse que:

> Se olharmos para o próprio edifício e o compararmos com o do Instituto em Frankfurt, uma outra diferença dos seus dias na Alemanha pode ser notada. Ao contrário de uma provocação visual ao ambiente circunvizinho, um símbolo do modernismo desafiador e do marxismo inovador de seus habitantes, o prédio da rua 117 era apenas um dos muitos *brownstones* inocuamente semelhantes, com colunas pseudoclássicas e balaustradas ladeando a entrada. Como tal, de modo não intencional, ele expressava a cautela do Instituto em não se sobressair de modo vulnerável num novo ambiente. Compreensivelmente ansiosos a respeito do status de exilados e, com frequência, relutantes no trato de questões americanas, inseguros de sua própria orientação política e prevenidos para não dar visibilidade ao radicalismo de seu passado, eles permaneceram afastados de qualquer movimento intelectual de oposição nos anos 30 e começos dos anos 40.[5]

---

4 Rolf Wiggershaus, Rolf, *The Frankfurt School: its history, theories, and political significance*. Cambridge, MA: MIT Press, 1994, p. 246–247.

5 Martin Jay, "Urban flights: the Institute of Social Research between Frankfurt and New York", *in:* David M. Rasmussen (org.), *The handbook of critical theory*. Oxford: Blackwell, 1996, p. 47.

Jay estava tentando mostrar através da comparação entre o edifício ocupado pelo Instituto na Universidade de Columbia e a sua instalação modernista em Frankfurt, a postura política inicial de isolamento e não radicalismo dos frankfurtianos no exílio norte-americano. Feuer, por sua vez, interpretou de modo diferente a situação: eles estavam escondendo a postura marxista ou o seu cripto-comunismo para obter o favorecimento de liberais ingênuos que desejavam acolher intelectuais perseguidos pelo Partido Nazista na Alemanha. A ingenuidade se revelava no pouco conhecimento que tinham a respeito dos vínculos de alguns membros do Instituto com o Partido Comunista Alemão e das simpatias do próprio Gumperz com uma facção comunista. Segundo Feuer, o Instituto deu uma falsa imagem de si mesmo para as autoridades de Columbia, mantendo em sigilo o fato de ter sido criado como um instituto marxista, quer nos métodos de investigação quer na crítica preferencial às sociedades capitalistas, sem menção ou ataque direto ao regime comunista na sua fase mais cruel: a dos expurgos, perseguições e mortes pelo stalinismo. A direção de Horkheimer, nesse sentido, foi mais "esopiana" (*sic*) que as anteriores, pois conseguia captar as boas graças da burguesia para o fomento de pesquisas de cunho marxista, ou seja, prescindia do "ouro de Moscou" para manter um conjunto de pesquisadores marxistas e comunistas engajados na luta contra o capitalismo e o fascismo, a sua mais trágica expressão política. Os liberais, por seu turno, agiram de boa fé, acolhendo intelectuais no exílio que precisavam de um ninho para o seu pássaro de Minerva: a universidade. Não poderiam ter pelo menos suspeitado que o Instituto iria criar uma espécie de ninho de cripto-comunistas na casa da rua 117?

O exagero de Feuer é muito evidente e talvez mal-intencionado, aproveitando-se do fato das cartas e memorandos da presidência de Columbia revelarem o pouco conhecimento que os principais articuladores tinham da obra dos frankfurtianos. Em primeiro lugar, foi Lynd, e não o Instituto, que caracterizou a sua ideologia como "liberal radical" (razão pela qual Feuer diz que Lynd foi convertendo-se, ele também, num "*fellow traveller*" comunista). Em segundo lugar, se o reitor Butler realmente quisesse fazer uma investigação sobre a orientação ideológica e o histórico marxista do Instituto de Pesquisa Social, poderia ter dado ouvidos aos emigrados europeus que tinham sido acolhidos pela *New School for Social Research*, em Nova York. Esse centro, considerado uma "universidade em exílio", que se tomou muito conservador a partir da gestão de Alvin Johnson, tinha recebido um grande grupo de intelectuais refugiados antimarxistas e psicólogos antifreudianos, destituídos de fundos institucionais próprios, tais como Hans Speier, Max Wertheimer, Adolph Lowe, Emil Lederer, Arthur Feiler, Max Ascoli, entre outros. Segundo Wiggershaus, os diretores do Instituto estavam preparados para sofrer suspeitas de que eram marxistas ou uma frente organizada do comunismo, não só através de informações espalhadas pelo pessoal da New School, mas também por todos os tipos de emigrados que desejavam desacreditar o Instituto aos olhos das organizações subvencionadoras americanas.[6] Em 30 de julho de 1940, durante as férias universitárias, dois agentes policiais estiveram investigando os papéis e as atividades do Instituto na presença de Lowenthal e de uma das secretárias. Em terceiro lugar, o próprio transcurso do tempo demonstrou que a crítica da indústria cultural, um dos principais produtos do Instituto, teve impactos fortíssimos e duradouros na discussão dos valores estéticos e políticos da sociedade norte-americana.

Na verdade, a análise *a posteriori* revela que Butler mostrou grande sabedoria, e não ingenuidade, ao dar abrigo na Universidade de Columbia para os maiores intelectuais de nosso tempo, que estavam vivendo, no entanto, o seu momento mais vulnerável e incerto.

6 Wiggershaus, *op. cit.*, p. 255.

Adorno em Nova York[1]

Iray Carone

A vida de Adorno em Nova York, de 1938 até 1941, embora seja uma passagem pouco lembrada pelos seus estudiosos, é um pedaço importante de seu longo exílio nos Estados Unidos que não apenas mostra as dificuldades de contato com a cultura norte-americana, mas também o confronto direto com a indústria cultural. Na verdade, Adorno foi a Nova York para trabalhar num projeto financiado pela Fundação Rockefeller, conhecido como "The Princeton Radio Research Project", sob a direção de um outro emigrado europeu, Paul Felix Lazarsfeld. O contrato de Adorno foi obtido pela mediação de Lazarsfeld na fundação, com uma grande verba para realizar pesquisas sobre a música (clássica, semiclássica e popular) no rádio, que ocupava uns 60% da programação das emissoras. Deixou a Europa, acompanhado de sua mulher, em 16 de fevereiro de 1938, a bordo do *Champlain*. Em março de 1938, já estava morando num apartamento situado na rua Cristopher, nº 45, lado oeste do *Greenwich Village*, alimentando a esperança de trazer Walter Benjamin para os Estados Unidos, através do Instituto de Pesquisa Social. Para animá-lo a dar esse grande passo, comparava sedutoramente a Sétima Avenida ao bulevar Montparnasse e o *Greenwich Village* ao Mont St.-Geneviève. Ao contrário de suas expectativas, diz, numa carta do mesmo mês, que

---

1 Publicado originalmente no jornal *Folha de S. Paulo*, 21 de abril de 2002, caderno *Mais!* p. 15.

não foi tão difícil se acomodar à nova situação, pois "ela é, *sérieusement*, muito mais europeia aqui do que em Londres".

Cervejaria abandonada

Nas suas memórias, Lazarsfeld relatou que tinha conhecimento dos trabalhos de Adorno publicados na Alemanha a respeito do papel "contraditório" da música na sociedade. Considerava ser um grande desafio tentar unir as análises teóricas de Adorno com a pesquisa empírica, ou seja, combinar a sociologia crítica da música com os métodos positivistas da sociologia norte-americana. Ao que tudo indica, pensava que a dialética deixaria de ser hegeliano-especulativa e se tornaria materialista se fosse articulada com a pesquisa empírica "sociográfica". Desde 1934, por meio de inúmeras negociações com o reitor Nicholas Murray Butler, o Instituto de Pesquisa Social da Escola de Frankfurt conseguira se estabelecer na Universidade de Columbia, num belo prédio situado na rua 117, lado oeste de Nova York, conhecido como *Morningside Heights*. Sob a direção de Max Horkheimer, o instituto havia dado suporte financeiro a Lazarsfeld quando ele começara a desenvolver um centro de pesquisas metodológicas na Universidade de Newark, Nova Jersey. Talvez tenha havido uma troca de favores, pois Lazarsfeld sabia que Horkheimer desejava trazer Adorno para os Estados Unidos. Com um contrato de tempo parcial, Adorno começou a trabalhar no *Office of Radio Research* (Departamento de Pesquisa em Rádio), sob a direção de Lazarsfeld, em Nova Jersey. A outra metade do tempo foi reservada para as atividades do Instituto de Pesquisa Social, na Columbia. As impressões iniciais de Adorno, no contato com o centro de pesquisas de Lazarsfeld, não foram lá muito boas, como ele próprio nos conta em "Experiências científicas nos Estados Unidos": "O 'Princeton Radio Research Project' não tinha seu centro nem em Princeton nem em Nova York, mas sim em Newark, Nova Jersey; provisoriamente, funcionava em uma cervejaria abandonada. Quando viajei para lá, através do túnel do Hudson, senti-me um pouco como no 'Naturtheater' kafkiano de Oklahoma".[2] Ele bem poderia ter aqui acrescentado que a atmosfera parisiense, referida nas cartas a Benjamin, tinha desaparecido por completo durante a travessia do rio Hudson. Mas os problemas mal tinham começado a aparecer: rebentou uma guerra de nervos, uma série ininterrupta de choques com a equipe de pesquisa, com Lazarsfeld, com a financiadora do projeto, com os donos de emissoras, com os professores de música etc. Resíduos desses combates diários estão nos próprios textos arquivados da Columbia: no memorando "Music in radio", de 26 de junho de 1938, Adorno tentou explicar nas suas 161 páginas por que não se deveria iniciar uma pesquisa sobre a música no rádio pela coleta de dados da audiência, com os "*likes and dislikes*" do ouvinte, mas sim com aquilo que, em última análise, poderia estar condicionando o seu modo de ouvir.

Trechos melódicos

Ou seja, a proposta original do projeto de Princeton consistia em ouvir o ouvinte ("*listening to the listener*"); Adorno objetava que, em se tratando de um ouvinte de audição desconcentrada, desatenta e atomística, além de ser acrítico, como o próprio correio de fãs das emissoras atestava, era preciso considerar, em primeiro lugar, como se produzira essa redução da capacidade de experiência musical das audiências, o "*non-listening listening*" do rádio. A sua hipótese da regressão da audição, considerada inverificável e teoricamente enviesada pelos positivistas de plantão, estabelecia a relação entre a perda da capacidade auditiva e a história da fetichização da música pela forma-mercadoria, desde o fim do século 19.

2 Theodor W. Adorno, "Experiências científicas nos Estados Unidos", *in*: Theodor W. Adorno, *Palavras e sinais: modelos críticos* 2 .Petrópolis: Vozes, 1995.

Capturada pela indústria do entretenimento e pelos monopólios que passaram a explorá-la como *big business*, a música foi perdendo a sua autonomia em relação ao mundo alienado pelo capital, ou seja, sendo integrada ao processo de produção de mercadorias, conduzindo de quebra o ouvinte para o estado de regressão auditiva.

Será que hoje em dia ele é capaz, pergunta Adorno, de experimentar a absorção sinfônica ao ouvir a catedral de sons de um Beethoven quando reproduzida em miniatura pelas ondas do rádio na sua casa? Será que não se limita a ouvir apenas alguns trechos melódicos (nem sempre importantes, musicalmente falando) desses "clássicos tão populares"? Ou será que não está mais condicionado a responder aos estímulos meramente sensoriais dos ritmos frenéticos de músicas destituídas de qualidade composicional? Durante quantos minutos o ouvinte médio consegue manter a concentração durante a execução de uma composição musical séria?

Por que ele embarca tão facilmente nas músicas pré-fabricadas da máquina de Hollywood, contribuindo para o seu sucesso, independentemente do valor musical? Será que uma canção dos *hit parades* é, de fato, uma canção que se sobressai pelas qualidades musicais ou resulta apenas do sucesso da manipulação do rádio que a repete durante várias semanas, pelo menos nove vezes ao dia, até levá-la ao topo da lista das mais vendidas, segundo a técnica de alta pressão do *plugging*?

Essas perguntas foram o eixo de sua pesquisa e dos seis artigos escritos (nem sempre publicados) sobre a música popular, a sinfonia no rádio, um programa de educação musical da NBC, o *plugging* do rádio etc.

Final da história: em 26 de outubro de 1939, num seminário do qual participaram os donos de emissoras de rádio, o representante da Fundação Rockefeller, John Marshall, e especialistas da área da comunicação, Adorno tentou, mais uma vez, tornar aceitáveis as suas teses sobre a música no rádio.

Segundo as memórias de Lazarsfeld, John Marshall achou que o esforço de levar a teoria crítica para o terreno da comunicação tinha sido um fracasso. A fundação não renovou o contrato na seção de música, pois pretendia captar recursos financeiros dos *broadcasters* a fim de ampliar e estender o estudo por mais dois anos, mas as críticas de Adorno ameaçavam arruinar um negócio que gozava de aceitação das audiências e sobretudo da clientela de anunciantes.

Afinal de contas, a audiência era e continua sendo a principal mercadoria produzida e vendida pelo rádio aos anunciantes comerciais.

O dia das bruxas de Orson Welles[1]

Iray Carone e Lia Baraúna[2]

Em 30 de outubro de 1938, exatamente às 20h50, uma nave espacial carregada de marcianos e artefatos de guerra desembarcou, com estrondo formidável, numa fazenda do senhor Wilmuth nos arredores de *Grovers Mill*, em Nova Jersey (EUA). Logo que o fenômeno aconteceu, polícia, repórteres, população local, comentaristas da rede CBS e o prestigiado astrônomo Richard Pierson correram atônitos para o local. Havia muita confusão a respeito da coisa: meteoro, meteorito ou, na pior das hipóteses, um objeto não identificado que arrombara a porta dos céus? Não demorou muito para que a coisa mostrasse o que era e de onde vinha. O professor Pierson, dez dias antes, registrara estranhas explosões de luz alaranjada na superfície de Marte. Na noite de 30, no entanto, estava um pouco cético a respeito da importância de suas observações, dizendo a Carl Philips, comentarista de rádio, que o fenômeno observado era meramente resultado das condições atmosféricas peculiares ao planeta e que julgava pouco provável a existência de vida inteligente em Marte, a despeito da crença popular sobre isso.

1 Publicado originalmente no jornal *Folha de S. Paulo*, 10 de novembro de 2002, caderno *Mais!*

2 Lia Baraúna é psicóloga formada pelo IPUSP e mestra em Psicologia pelo IPUSP, com especialização em Governo e Legislação pela UNESP.

Recado urgente

O dr. Lloyd Gray, chefe da divisão astronômica do Museu de História Natural de Nova York, mandou então um recado urgente para Pierson: os sismógrafos tinham registrado um choque de intensidade semelhante ao de um terremoto, a um raio de vinte milhas (32 km) de Princeton. Novamente o ceticismo científico do astrônomo, treinado para evitar explicações precipitadas e fantásticas, funcionou: era provavelmente um meteorito de tamanho incomum que tinha caído na Terra e que não teria, a seu ver, uma ligação direta com as perturbações observadas no planeta Marte. Mas, a história nos adverte, não adianta subestimar as forças das coisas... As notícias começaram a chover: o professor Morse, da Universidade Macmillan (Canadá), informou pela Rádio Intercontinental de Toronto que tinha registrado três explosões no planeta Marte, entre as 19h45 e 21h20 (horário local), confirmadas por outros observatórios norte-americanos; logo em seguida, da cidade de Trenton, Nova Jersey, veio a notícia de que um imenso e flamejante objeto, talvez um meteorito, havia caído a 22 milhas de distância dali, nos arredores de *Grovers Mill*. Cerca de 32 milhões de pessoas, segundo o *Crossley Service*, estavam ouvindo programas musicais no rádio quando as notícias começaram, num crescendo, a interromper o entretenimento domingueiro. Seria uma espécie de "cerco a Nova York" o verdadeiro objetivo da invasão pelos lados de Jersey e Long Island? Os fatos comprovaram a intenção estratégica da ação invasora: as máquinas de guerra atravessaram o rio Hudson, atingiram o coração de Manhattan, matando a população sem dó nem piedade, com gases venenosos e raios incandescentes. Em poucos minutos, tudo o que levou alguns séculos para ser construído virou pó, fumaça negra e deserto de homens. A voz de Orson Welles, então, veio despertar os ouvintes do sonho tenebroso: "Eu sou Orson Welles, senhoras e senhores, fora do personagem [professor Pierson], para assegurá-los de que *A guerra dos mundos* não teve maior significado do que o entretenimento de feriado que pretendeu ser. A nossa versão radiofônica de *The Mercury Theatre* [...] aniquilou o mundo diante dos seus ouvidos e destruiu totalmente a Columbia Broadcasting System. Vocês ficarão aliviados, espero, ao entender que não pretendíamos fazer isso e que ambas as instituições estão ainda abertas". Era a véspera do Halloween. *Buh!* Orson Welles (1915-85), diretor e ator do *Mercury Theatre on the Air*, estava baseado num excelente roteiro e adaptação moderna da novela *A guerra dos mundos*, de H. G. Wells, por Howard Koch. Era a 17ª peça levada ao ar, e o *Mercury* não tinha muita audiência por causa da grande popularidade, no horário de domingo, do programa do ventríloquo Edgar Bergen e seu boneco, Charlie McCarthy. Embora a adaptação radiofônica tivesse usado o recurso de elevar a dramaticidade apresentando a peça como boletins de notícia e flashes da invasão, interrompendo programas de orquestras musicais, houve pelo menos dois *breaks* intermediários esclarecendo o seu caráter de ficção. Mas nem sempre os ouvintes retardatários ou aqueles já tomados pelo medo perceberam isso. As palavras criaram, de repente, uma nova realidade social: em menos de uma hora, o pânico tomou conta de cerca de 1 milhão de pessoas. Após o programa, as rádios tentaram esclarecer a situação e diminuir os efeitos devastadores da transmissão; nos dias seguintes, os jornais tiveram como matéria principal os relatos das pessoas atingidas pelo pânico. Uma semana depois, a equipe de Paul Lazarsfeld, que vinha fazendo um estudo dos efeitos psicossociais da difusão radiofônica, colheu depoimentos de 135 pessoas da região de Newark e de Nova York, além dos recortes de jornais do país inteiro. Certamente a histeria coletiva foi a nota dominante, mas houve algumas razões objetivas para o fenômeno (que se repetiu, por exemplo, em Quito, Equador, no ano de 1949, quando a rádio local reproduziu a mesma peça, com a consequência adicional de a população ter queimado o edifício do jornal proprietário da estação, com vinte mortes e vários feridos, após o término do programa). Em primeiro lugar, como disse o sociólogo David Miller, o ouvinte foi induzido a confundir ficção e realidade por causa do formato aberto e não convencional da primeira parte da peça, sem música de fundo, narração e diálogos. Nem mesmo anúncios comerciais apareceram nos breaks da peça.

Boletins súbitos

Em segundo lugar, o formato da peça se apropriou de algo então habitual no rádio: a intervenção súbita de boletins de notícias por causa do agravamento da crise na Europa. Dessa maneira, a forma dramática evocava intencionalmente os sentimentos de medo e preocupação dos norte-americanos com a deflagração de uma nova guerra, de um ataque aéreo de alemães (ou japoneses) em seu território, de um conflito entre o presidente Roosevelt e Hitler, do envolvimento da questão judaica etc.

O episódio prenuncia uma característica que acabou se tornando dominante na cultura ocidental: a simulação, que há muito ultrapassou as fronteiras da arte e do entretenimento e se instalou em toda parte. Na propaganda, nos noticiários e na política, o simulacro é muitas vezes apenas um eufemismo para a fraude. Por outro, a simulação está tão banalizada que, às vezes, se torna tênue o fio que separa o real do seu simulacro. Quando as imagens da TV mostraram as cenas do atentado terrorista de 11 de setembro em NY (de novo?!), muitos pensaram que era um filme de ficção norte-americano, tal como *Independence day*. Ou talvez outra "peça" do fantasma esplêndido de Orson Welles.

A obsessão pelo jazz[1]

Iray Carone

Adorno escreveu com obsessão crítica sobre o jazz, mas deixou lacunas informativas e históricas sobre as suas várias formas e estilos, os nomes dos compositores, dos grandes intérpretes, das orquestras que empregavam arranjos jazzísticos e das pequenas *jazz bands* que constituíam, afinal de contas, o objeto de sua análise musical.

A relação de Adorno com o jazz tem hoje chamado a atenção de muitos especialistas no assunto, que buscam em fontes históricas inéditas alguma explicação para o seu "não" ao jazz.

Um livro publicado neste ano, de Christian Béthune,[2] traz à luz informações novas e explicações a respeito do conflito da estética de Adorno com aquilo que se poderia chamar de "categorias estéticas do jazz". O primado dos textos musicais (partituras) sobre a sua interpretação é a tese da estética adorniana que, de saída, compromete uma avaliação positiva do jazz.

Adorno começou a escrever sobre o jazz na Alemanha, onde conheceu o *jazz craze* da República de Weimar: uma verdadeira onda de jazz de segunda mão, uma música de dança, porque os alemães não

---

1 Publicado originalmente no jornal *Folha de S. Paulo*, 31 de agosto de 2003, caderno *Mais!*, p. 15.

2 Christian Béthune, *Adorno et le jazz: analyse d un déni esthétique* .Paris: Klincksieck, 2003.

tinham condições econômicas para lá trazer os seus criadores norte-americanos e tampouco importar os seus discos.

Por causa dessa particularidade histórica, o que circulava na Alemanha sob a etiqueta "jazz" era apenas um sucedâneo redutor, uma música de salão, feita de cadências militares e reminiscências folclóricas. Entre 1920 e 1930, foram publicados os *break manuals*, propondo receitas para "jazzificar" ou "swingar" qualquer peça musical (prática das síncopes, improvisações e embelezamentos visando efeitos sonoros etc.).

Segundo J. Bradford Robinson, essa caricatura alemã do jazz, largamente difundida pela rádio de Weimar, bem como os manuais ingênuos de produção doméstica de um gênero musical sofisticado, foram conhecidos por Adorno quando ainda estudava composição com Berg. Segundo sua hipótese, em parte para justificar a incompatibilidade de Adorno com o jazz, as análises iniciais, em 1933 e 1936, foram "tributárias desta coleção de tratados caricaturais".

Além disso, o jazz era um apanágio da classe dominante para demonstrar a sua modernidade e o seu poder: as orquestras se apresentavam num ambiente de luxo que provocava a aversão de Adorno.

Quando o jazz foi banido como música negra decadente das emissoras de rádio durante o nazismo, Adorno fez questão de distinguir a sua crítica da proibição totalitária, dizendo que não havia motivo para essa interdição porque o jazz não era revolucionário no plano estético ou perigoso para a ordem social. Quando Joachim Berendt criticou as observações de Adorno sobre os negros, em 1953, ele respondeu que se empenhava, com suas poucas forças, em defender os negros contra a humilhação que sofriam quando se abusava de sua expressividade artística para convertê-los em *clowns*.

Sabe-se, por um relato de Volker Kriegel, que, tão logo chegou a Nova York, em 1938, assistiu a uma apresentação do saxofonista J. Hodges no *Cotton Club*, acompanhado do crítico musical Leonard Feather. Saiu antes do final da apresentação, por causa de um mal-entendido, quando Feather sussurrou no seu ouvido: *"Fucking Hodges is really bad!"*. Na verdade, era um elogio, na gíria dos músicos de jazz, ao caráter "endiabrado" da execução de Hodges, mas Adorno, ao que tudo indica, entendeu o elogio como crítica, consternado por estar apreciando o espetáculo...

Nos tempos de hoje, o jazz saiu do circuito meramente comercial das emissoras de rádio e da produção das gravadoras, passando a ser definitivamente apreciado como um bem cultural do Ocidente. Embora não atinja mais as massas nem mesmo no seu país de origem e tenha se transformado quase numa peça de museu nos meios de comunicação que contam sua história, ainda assim possui muitos aficionados elitistas, especialistas e intérpretes de alto calibre no mundo inteiro.

Será que as críticas de Adorno ao jazz não foram hoje definitivamente enterradas, pergunta Béthune, quando este foi libertado da subordinação aos monopólios capitalistas da música e não mais obrigado a produzir grandes lucros para as gravadoras e à indústria do entretenimento das massas? Sabe-se, a propósito disso, que as vendas de músicas do jazz são muito inferiores às da música clássica no mundo inteiro. Nesse sentido, pensamos nós, a música de jazz parece que alcançou uma espécie de autonomia como valor de uso artístico que jamais poderia almejar quando surgiu como música popular dominante na era do rádio.

Além disso, a falta de referência nominal aos músicos e intérpretes por Adorno não deixa de ser muito intrigante, pois ele mesmo reconheceu que, no jazz, a reprodução (interpretação) se confunde com a produção. Em outras palavras, a apreciação estética desse gênero deveria ser mais uma análise dos seus "endiabrados" intérpretes do que das (eventuais) partituras musicais.

Como disse Béthune, enquanto uma partitura de música clássica se refere ao trompete, uma peça escrita de Duke Ellington se refere ao trompetista; os *head arrangements* de Count Basie e as *spontaneous compositions* de Charles Mingus deixam o espaço da partitura aberto para a criação do instrumentista. Essa diferença é, musicalmente falando, uma diferença qualitativa imanente ao próprio ser do jazz. Em outros termos, a obra jazzística é autográfica, e não alográfica: um solo de Lester Young, um *break* de Armstrong ou de Charlie Parker são objetos concretos, únicos, com a assinatura sonora de seus geniais criadores.

Adorno e a educação musical pelo rádio[1]

Iray Carone

Segundo Horowitz, antes da Primeira Grande Guerra, a pedagogia musical nos Estados Unidos da América do Norte enfatizava a necessidade de se aprender a ler música, a tocar um instrumento e a perceber a forma da sonata e outros elementos da estrutura musical.[2] Daí surgiram os "apreciadores musicais", que se dirigiam às classes médias para popularizar um novo elitismo: o de tornar a "grande música" um privilégio democrático. Com o advento da radiodifusão, nos fins dos anos de 1920, os programas de música clássica concentravam-se na reputação e na personalidade—os grandes compositores, os grandes intérpretes—com estratégias publicitárias para vender catálogos de discos; a *National Broadcasting Company* (NBC), de David Sarnoff, comandava tanto a maior rede de estações de rádio da nação como a gravadora RCA Victor. A realização mais notável e prestigiada de Sarnoff foi a contratação de Walter Johannes Damrosch, concertista emigrado alemão, de 1928 a 1942, para um programa semanal de apreciação musical dirigido às crianças e aos jovens das escolas norte-americanas, como complementação ao currículo de música.

---

1 Publicado originalmente na revista *Educação & Sociedade*, v. 24, nº 83, agosto de 2003, p. 477–493.

2 Joseph Horowitx, "Professor Lenny", *New York Review of Books*, v. 40, n. 10 jun. 1993, p.1-2.

Quando Theodor W. Adorno foi contratado por Paul F. Lazarsfeld para participar da seção musical do Princeton Radio Research Project, em 1938, realizou um estudo analítico do já consagrado programa de educação de música clássica pelo rádio, *The NBC Music Appreciation Hour Conducted by Walter Damrosch*. O artigo resultante desse estudo ficou nos arquivos da Universidade de Columbia (Nova York) até 1994, quando foi redescoberto por musicólogos e publicado, depois de 55 anos, na revista *The Musical Quarterly*.

É interessante notar que o artigo de Adorno, intitulado "The analytical study of the NBC Music Appreciation Hour", não foi publicado pelas duas antologias do *Radio Research*, por razões que agora se tornaram bastante óbvias: ele não agradou a ninguém. Muito embora Adorno já fosse reconhecido como um excelente conhecedor de música clássica (a despeito das discordâncias de Bernard H. Haggin, em *Music in the nation*[3]) a sua crítica musical tornou-se inaceitável na época, porque atacava um programa educativo, aparentemente sem fins comerciais e não lucrativo, promovido pela rede para pessoas em idade escolar, de várias partes do país, que não podiam ter o privilégio de frequentar as grandes salas de concertos.

Esse programa atingiu no ano de 1937, segundo consta, cerca de 7 milhões de estudantes de 70 mil escolas dos Estados Unidos. Dirigido por Damrosch, cujos arranjos musicais eram executados pela orquestra da NBC, a sua programação era semelhante, mas bastante ampliada, ao repertório gravado por Toscanini na RCA Victor.

A rigor, o programa objetivava popularizar a música clássica e ao mesmo tempo fazer de Damrosch (que Adorno e os europeus não tinham em alta conta como músico) "o principal embaixador americano da compreensão e da apreciação musicais"[4] para as crianças e

3 Bernard H. Haggin, *Music in the nation* (Nova York: Duell, Sloan and Pearce, 1949).

4 J. Horowitz, *op. cit.*

os jovens das escolas norte-americanas. Obviamente, era dedicado ao ensino complementar da "apreciação da música" por intermédio do meio de comunicação mais abrangente, popular e ubíquo de que se tinha notícia: o rádio. Era acompanhado por quatro manuais dirigidos aos estudantes (*Student's Worksheets*) e um guia dos professores de música (*Teacher's Guide*), publicados pela editora da Universidade de Columbia em 1939.

O objetivo de Adorno, segundo as suas próprias palavras, era o de mostrar que a radiodifusão, mesmo quando se propõe a colocar no ar programas musicais de caráter puramente educacional, falhava em levar os ouvintes-destinatários a uma relação viva e real com a música, ou seja, a ter uma verdadeira "experiência musical".

Além de acompanhar as apresentações musicais do programa, que ocorriam às sextas e aos sábados, Adorno tomou como objeto de análise os materiais impressos para os professores e alunos "virtuais" (ao que tudo indica, o programa foi muito bem-sucedido nas escolas, pois Damrosch chegava a receber cerca de 50 mil cartas de alunos por ano).

Essa análise disse respeito à pedagogia musical do programa e às suas implicações culturais. Na primeira parte, foram examinados criticamente os postulados implícitos nos quatro manuais do estudante. Na segunda parte, o alvo principal da crítica adorniana foi a "estética do efeito", que reduzia a apreciação musical ao prazer ou à diversão derivados da audição, subordinando a música séria às exigências da indústria do entretenimento comercial, condicionando o ouvinte a um tipo de audição regredida e convertendo a cultura musical numa cultura de aparência.

Embora a expressão "indústria cultural" tenha aparecido posteriormente, na *Dialética do esclarecimento*, os modelos de crítica cultural de Adorno já estavam se esboçando nesse estudo analítico: músicas clássicas, geradas muito antes da sociedade industrial e gozando de autonomia como obras de arte, foram convertidas em pseudocultura pelos monopólios comerciais da música, com a finalidade de "democratizar" a música clássica e promover uma aparente "elevação cultural" das audiências:

> Será mostrado que não apenas há insuficiência na parte puramente musical e pedagógica do programa, mas também que ele conduz a um mundo musical fictício dominado pelos nomes de personalidades, etiquetas estilísticas e valores pré-digeridos que não podem ser "experienciados" pela audiência do *Music Appreciation Hour*; na verdade, o programa apresenta o material de modo a fomentar, de modo proposital ou não, atitudes estereotipadas e convencionais, ao invés de levar à compreensão concreta do sentido musical.[5]

Embora reconhecendo a existência de algumas ideias excelentes nos materiais impressos, bem como os esforços da rede NBC para a preparação e organização dos concertos, Adorno disse que as falhas da pedagogia musical do programa foram devidas a causas mais profundas:

> Consideramos como a mais importante dessas causas a tendência ideológica mencionada no artigo sobre uma crítica social da música no rádio. O rádio, como uma empresa dentro de uma cultura comercial, é forçado a promover, no interior do ouvinte, uma atitude ingenuamente entusiasta com relação a qualquer material que se lhe ofereça, e assim, indiretamente, em relação ao próprio rádio. Este viés "promocional" do rádio é um obstáculo permanente para se alcançar uma relação adequada com um material musical preeminentemente sério.[6]

---

5 Theodor W. Adorno, "Analytical study of the NBC 'Music Appreciation Hour', *The Musical Quarterly*, Oxford, v. 78, n. 2, verão 1994, p. 326.

6 *Ibidem*, p. 327.

Análise pedagógica e musical

A primeira parte, como já dissemos, é a análise pedagógica e musical do conteúdo dos quatro cursos dos manuais do estudante. O objetivo mais geral destes era o de conduzir os estudantes do "lado de fora" para o "lado de dentro" da música, por meio dos seguintes passos: 1. Série A – estudo da família orquestral, ou seja, dos instrumentos musicais; 2. Série B – estudo das ideias e imagens transportadas pelo veículo musical; 3. Série C – estudo da estrutura e das formas da música pura; e 4. Série D – estudo do significado da música como expressão da vida e da época do compositor. Pretendiam levar o estudante a entender o mundo musical por etapas e de acordo com o desenvolvimento psicológico das crianças: dos aspectos físicos e imaginativos da música aos mais abstratos e intelectuais, ou seja, à teoria musical propriamente dita. De acordo com o guia do professor:

> Não levando em consideração a ordem seguida, entretanto, o atrativo da Série A depende em larga medida do grau de familiaridade que as crianças possam vir a ter dos vários instrumentos orquestrais como *personalidades*, e não meros sons desencarnados. Daí a importância de se usar cartões coloridos de instrumentos ou de trazer alguns instrumentos reais para as salas de aula sempre que for possível.[7]

Adorno disse, a esse respeito, que não se devia exagerar a importância do lado descritivo e físico da música, porque, embora haja uma tradição que "personaliza" os instrumentos orquestrais, os sons instrumentais são apenas meras funções da estrutura do todo da música, sem nenhum valor intrínseco como sons individuais. Nesse sentido, a atenção do estudante não deveria ser desviada pedagogicamente para o que é apenas subsidiário, ou seja, os meios não deveriam

---

7 *Ibidem*, p. 330.

substituir os fins. Orientada para discernir os sons de uma flauta ao ouvir uma sinfonia de Haydn, por exemplo, a criança poderá se sentir "traída" pelos adultos, pois "numa sinfonia de Haydn os instrumentos não falam como personalidades, mas funcionam dentro da coerência das partes".[8] Além disso, uma criança que espera pela entrada deste ou daquele instrumento, ao ouvir uma sinfonia, pode não ouvir a própria música ao se concentrar no reconhecimento de cada instrumento. A sua mente habitua-se a se concentrar em aspectos técnicos (*technique-minded*), com a conversão dos meios (instrumentos) em fins em si mesmos, numa atitude fetichista com relação à música.

Com relação aos aspectos imaginativos, objeto da Série B, Adorno disse que raramente aparecem "descrições da natureza" ou algo semelhante na música. Não obstante isso, o manual do estudante dizia, a respeito de "animais na música":

> A "Cavalgada das Valquírias" descreve o voo dos cavalos através das nuvens. Nós ouvimos os sons dos cascos no galope (trompa e violoncelo), os seus relinchos (instrumentos de sopro), a canção de batalha das virgens (trombetas e trombones) e os seus sinistros gritos de guerra (instrumentos de corda).[9]

No entanto, as valquírias e os cavalos são apenas entidades míticas pelas quais a música de Wagner tenta transfigurar as nuvens, a tempestade e o relâmpago. A "Cavalgada das Valquírias" é o que se pode chamar de mitologização musical de uma trovoada e nada mais que isso. Logo, dificilmente a criança irá perceber cavalos relinchando ou galopando, ao ouvir o que não pretende ser uma descrição física da natureza. Seria suficiente, diz Adorno, contar a ela algo sobre o mito das Valquírias e o ritmo da música.

---

8 *Ibidem*, p. 330.

9 *Ibidem*, p. 330.

Outro problema apontado por Adorno, na Série B, diz respeito aos temas musicais. Pretendia-se criar o hábito nos estudantes de se dar a atenção aos temas, a tocá-los ou a segui-los, como uma abordagem mais externa do que interna à música:

> O tema sendo o "lado de fora" da música e a estrutura "o lado de dentro", a tendência em direção à audição atomística (que é o problema principal da crítica social da música no rádio) é aqui expressamente fomentada pelo *Music Appreciation Hour*. A ideia de que o tema é "o mais fácil" na música conduz novamente a uma mudança da atenção do todo para a parte.[10]

A audição atomística é, na verdade, uma forma de regressão da audição, que torna impossível a compreensão de uma sinfonia como uma unidade completa e funcional, na qual o tema e o seu desenvolvimento não podem ser separados. A criança, entretanto, pode ser conduzida a uma apreensão da totalidade ou da unidade musical através de um método simples, sugerido por Adorno: ela deve tocar ou cantar uma melodia infantil tal como *"London Bridge is falling down"*. Em seguida, como aprendeu a canção sem lhe ocorrer que ela tem um "tema" distinto do desenvolvimento, poderá analisá-la segundo o motivo fundamental que é repetido e variado. Dessa forma, poderá entender que o tema nada mais é que um *material* do movimento, e não o seu objetivo ou essência. A noção de tema, então, não desaparecerá, mas a ele será dado o seu lugar certo e ganhará por aí o seu verdadeiro significado. A necessidade fomentada pelos educadores musicais de levar os alunos a "reconhecerem" uma música pela identificação ou citação de seus temas repousa numa concepção fetichizada da música, cujas implicações culturais Adorno pretendeu tirar na segunda parte de sua análise.

10 *Ibidem*, p. 331.

A Série D apresentava um programa de Bach precedido por um resumo de sua biografia, corretamente caracterizando-o como o fim de uma era e o começo de outra, pois foi o último grande compositor da escola polifônica e, ao mesmo tempo, o fundador de toda a música moderna. No entanto, dentro da abordagem que pretendia ir do concreto para o abstrato, o manual dizia: "Bach nasceu na pequena cidade de Eisenach, Alemanha, à sombra do castelo Wartburg, que é também conhecido por nós como o local de uma das grandes cenas do *Tannhäuser* de Wagner".[11]

O elo estabelecido entre Bach–Eisenach–Wartburg– *Tannhäuser*–Wagner, diz Adorno, é puramente fortuito, não tendo nenhuma base na música e nos compositores em questão: o castelo Wartburg tem certas associações com cavalheiros, glamour medieval, armaduras brilhantes e lindas donzelas; na música de Bach não há absolutamente nada que sugira tais características. Consequentemente, é de uma absoluta falta de gosto introduzir Bach em termos de um herói operístico, ou não distinguir o compositor de suas criaturas, contribuindo para colocá-los no mesmo panteão de grandeza, indiscriminadamente adorados pelo lado externo.

Apesar de as críticas de Adorno à pedagogia adotada pelo programa terem sido, até agora, muito pontuais, as suas análises da teoria musical, explícita ou implícita a ele, foram as mais sérias e definitivas. Sem dúvida, a parte conceptual dos manuais era a que mais comprometia negativamente o objetivo educacional do programa da NBC.

A introdução da teoria musical dos manuais correu por conta de Charles H. Farnsworth e outros especialistas, mas os conceitos principais foram expressos de tal modo que se tornaram incompreensíveis para aqueles que não tinham familiaridade com as estruturas musicais. Ao tentar descrever a música como unidade estrutural, o autor usava a expressão movimento ideal" para caracterizar uma melodia, tentando passar a ideia de que os movimentos musicais não são

11 *Ibidem*, p. 334.

movimentos que ocorrem no mundo externo, mas dentro da esfera particular do som estruturado. O termo "ideal", por sua vez, carregava consigo associações erradas, a do padrão da perfeição platônica. Segundo Adorno, essa asserção incompreensível para crianças e jovens seria fundamental para o entendimento da estrutura e das formas musicais, objetivo maior da Série C.

Adorno sugeriu, dentro da abordagem externo/interno da pedagogia do programa, que a relação entre a abertura e a sinfonia fosse explicada imediatamente quando o "Coriolanus" estivesse sendo apresentado pela orquestra, ou seja, como o momento correto para se entender a abertura como um enredo dramático. Dessa maneira, as sinfonias posteriormente executadas seriam apreendidas pelos alunos como indissociadas da abertura, ou seja, como dramas musicais.

A apresentação da sequência das formas musicais, no programa, pareceu se basear na suposição de que o desenvolvimento histórico da música coincidia com o desenvolvimento do simples ao complexo, o que é palpavelmente absurdo, diz Adorno. A velha forma da fuga, por exemplo, é uma das mais difíceis de ser entendida pelo leigo. O procedimento pedagógico correto seria discutir a forma da fuga em contraste com a sua contrapartida, a forma da sonata; depois de elaborar as semelhanças e os contrastes entre as duas mais "integrais" formas musicais, poder-se-ia esclarecer que a primeira é fundamentalmente estática e a segunda dinâmica, bastando para isso comparar uma fuga de Bach, ou de algum predecessor, com uma sonata de Beethoven.

Outra impropriedade pedagógica dos manuais, segundo Adorno, era a sua abordagem dos compositores, como se houvesse um desenvolvimento unilateral e evolutivo da música: primeiro, apresentavam um concerto de Bach; depois, um concerto de Händel, até se chegar às sinfonias românticas de Tchaikovsky. As últimas, no entanto, estariam mais próximas da consciência musical dos jovens, acostumados com a música romântica de efeitos emocionais.

Adorno sugeriu, então, uma sequência diferente e inversa à primeira: primeiro, apresentação e discussão de peças sinfônicas de Schubert, não só por causa da pequena dificuldade em segui-las, mas também para que o aluno aprendesse a analisar o seu esqueleto estrutural. A seguir, se tornaria mais fácil abordar Haydn, harmonicamente mais primitivo que Schubert, mas com maior densidade temática que aquela que encontramos no primeiro movimento da *Sinfonia em dó maior* de Schubert. Desse modo, o aluno poderia reconhecer neste as formas que já aprendeu naquele. A discussão sobre Haydn poderia ser conduzida suavemente para Mozart, de tal modo que as diferenças entre os seus métodos de composição pudessem ser mostradas e compreendidas. A partir dos três concertos anteriores, estaria preparado o caminho para se entrar numa sinfonia de Beethoven. Os artifícios polifônicos do período tardio da obra de Beethoven, por sua vez, constituiriam uma boa transição para uma discussão da música de Bach, que deveria ser iniciada com peças não contrapontísticas.

De qualquer maneira, os concertos não deveriam ser apresentados mediante "arranjos" orquestrais, tal como Damrosch vinha fazendo, mas "em sua clareza original e economia de meios".[12]

A seguir, Adorno analisou todos os erros pedagógicos e conceituais do programa, sobretudo da Série C: a falta de especificidade na explicação na forma do rondó e o "efeito devastador" dessa falha explicativa, quando se tem de tratar do mais importante tipo de forma musical, a sonata (essencialmente diferente da primeira):

> Compreender a sonata significa ouvir do modo correto, nada mais e nada menos. Como o *Music Appreciation Hour* ajuda a fomentar tal escuta? A forma da sonata é explicada pelo *Hour* em termos absolutamente esquemáticos, tais como: exposição, desenvolvimento e recapitulação. Pode-

12 *Ibidem*, p. 339.

> mos esperar, então, que o jovem ao ouvir, pela primeira vez, que a sonata é intelectualmente sofisticada e que a sua forma é A-B-A, julgará a música como muito barulho por nada.[13]

Erroneamente, pois, o princípio do "desenvolvimento" que governa o todo da forma da sonata é reduzido, nessa explicação, à seção do meio oficialmente chamada de desenvolvimento. Três pontos deveriam ser absolutamente esclarecidos para o aluno alcançar uma compreensão real da forma da sonata, sem a qual Haydn, Mozart e Beethoven "permanecerão livros fechados para ele": a. o princípio do desenvolvimento geral, ou princípio dinâmico, como base da forma da sonata; b. o fechamento e a economia completa da forma da sonata (em comum com a fuga, embora ela seja fundamentalmente dinâmica); c. a sonata como a tentativa de se alcançar uma unidade musicalmente completa dentro da multiplicidade.

A promoção da pseudocultura musical

Disse Adorno que as falhas pedagógicas e musicais do programa da NBC, evidenciadas pela análise, combinavam com uma ideia anti-intelectualista da própria apreciação musical, ao reduzi-la aos efeitos da música sobre o ouvinte:

> A apreciação seria a soma total dos efeitos musicais no ouvinte. É uma noção comum em estética desde a definição de tragédia por Aristóteles como uma forma de arte cujo objetivo era o de produzir os efeitos de piedade e medo no espectador. Goethe estava plenamente consciente do perigo disso quando escreveu: "a perfeição da obra de arte em si mesma é o postulado eterno e indispensável. Que pena que

13 *Ibidem*, p. 343.

> Aristóteles, que sempre teve o perfeito diante de si, tivesse pensado no efeito!"[14]

É fácil perceber que a estética do efeito é mais perigosa ainda quando se vive numa sociedade de mercado, que vive de provocar efeitos comportamentais no consumidor. Além disso, é uma compreensão incorreta da "apreciação" supor que o efeito da obra de arte seja idêntico ao seu significado, ou que a intenção da obra de arte é a de criar tal efeito.

No caso de uma experiência estética inteiramente adequada, o efeito da obra de arte e a apreensão plena do seu significado, por um ouvinte ideal, coincidirão. Mas essa coincidência não se presume existir quando se trata da apreciação musical das crianças e dos jovens. Dessa maneira, diz Adorno, é um erro do programa supor ou tratar os seus alunos como "ouvintes ideais" para os quais o significado da obra de arte e o efeito sobre eles coincidirão. Na verdade, o efeito da música seria concebido, pelo programa, como o ponto de partida da apreciação, mas também o seu ponto de chegada ou objetivo—o que é um evidente círculo vicioso. Talvez isso sinalizasse, afinal, a pouca relevância dada pelo programa à compreensão intelectual da música, como se a apreciação fosse uma mera fruição sensorial da arte musical, um encantamento dos sentidos. Mas, o que seria o "efeito", de acordo com o guia do professor?

> A discussão pode incluir [ ] se a peça "permanece coerente" quase até ao ponto da monotonia, ou se ela muda continuamente até aonde a imaginação levar, a nenhum lugar em particular, ou se ela tem a medida suficiente do "mesmo" e do "diferente" (unidade e variedade) para nos agradar.[15]

---

14 *Ibidem*, p. 353.

15 Citado em T. W. Adorno, *op. cit.*, p. 354.

Para um jovem sem experiência musical, diz Adorno, uma peça de música moderna avançada parecerá levar "a nenhum lugar em particular", justamente porque ele é incapaz de compreender as relações sutis que constituem a sua estrutura ou o padrão complicado de sua forma. Mas, então, o compositor deveria ser proibido de escrever tal obra?

> Isso significaria a inauguração da lei do mínimo esforço como a qualidade suprema da música, e a autossatisfação filistina e a ignorância seriam os juízes de seu valor estético. Isso sem dizer que não apenas a compreensão, mas também o prazer, no sentido primitivo recomendado pelo *Hour*, varia de sujeito para sujeito, e que algo que "nos agrada" tal como é concebido pelo *Hour* pode vir a impedir uma consciência musical mais altamente desenvolvida, e vice-versa.[16]

Este é, sem dúvida, o ponto principal da crítica de Adorno ao programa de educação musical pelo rádio: se o efeito é o propósito da música séria, então a "boa música" é aquela que satisfaz o ouvinte e nada exige dele. E como o ouvinte sempre tem razão, como eventual comprador de discos, o que será da música séria que não atinge o seu senso musical já administrado comercialmente e reafirmado pelo programa?

> Por meio do discurso do "nós" que deveríamos ser agradados, existe a ideia insustentável de um "sentimento musical natural". Esse "sentimento musical natural" não existe: é apenas a aparência de atitudes historicamente mutáveis, e pode-se dizer seguramente que o que é hoje chamado de "natural" musicalmente é sobretudo o resíduo de convenção passada.[17]

---

16 T. W. Adorno, *op. cit.*, p. 355.

17 *Ibidem*, p. 355.

Assim, algo que é resíduo social de convenções passadas é representado como um traço inerente do próprio material musical; o uso "moderado" da dissonância, por exemplo, é recomendado pelo programa, como se ela não fosse muito "natural" aos nossos ouvidos.

A apreciação musical é, no fundo, convertida em prazer e diversão. Não há dúvida alguma de que a noção de "diversão" (*fun*), popular nos Estados Unidos e, numa certa medida, na Inglaterra, acaba jogando aqui um papel estético. Relacionada com humor, diversão e relaxamento, essa noção pressupõe que a arte não deva ser "séria", nem mesmo na esfera estética, postulando, ao contrário, que a arte é contra a realidade árdua da vida real:

> A noção de "*fun*" reflete um *processo social* que mecaniza e oprime o indivíduo num tal grau que no seu tempo livre ele deve sentir alívio de suas responsabilidades. Em nossa época, esse alívio assume, sob o nome de "*fun*", a forma de uma regressão à infância. O adulto que declara ter "*fun*" está moldado pelo padrão do menino brincalhão, descuidado, frívolo, que certamente não existe como ouvinte musical.[18]

Em outras palavras, ao conectar a apreciação musical com o prazer e a diversão, no sentido regredido da diversão, os educadores estão subordinando a música às categorias dos bens de consumo, particularmente com o entretenimento comercial e a estética prática advogada pelo programa.

Segundo o manual do aluno, aqueles que usam suas mentes mais ativamente obterão mais prazer ou diversão na escuta musical dos concertos. Mas, diz Adorno, quanto maior a atividade mental, menor o relaxamento do sujeito que ouve e, portanto, maior será a distância com a diversão. A música séria, ouvida de modo ativo ou passivo, não promove a diversão por sua própria natureza.

---

18 *Ibidem*, p. 374, nota 28

Mesmo substituindo o termo "diversão", tão próprio da indústria do entretenimento, pelo termo "prazer" (*pleasure*), diz Adorno, ainda assim estaríamos usando "qualitativos gustativos" para a música, ou seja, advogando um hedonismo musical (reivindicado explicitamente nos livros de Carl Seashore e Deems Taylor) que nos traz, por associação, a imagem de um violinista cigano tocando uma peça de Beethoven num café-concerto. A beleza dos coloridos musicais seria então comparável à sensação de beleza experimentada diante de pinturas ornamentais de um pôr do sol ou de uma bela jovem, ou seja, de uma beleza "natural" que não transmite jamais a ideia de algo que é "estruturalmente belo".

Assim, de acordo com os manuais da Série C, numa sinfonia, o primeiro movimento exige que prestemos atenção aos seus padrões complicados; o segundo permite-nos sonhar; o terceiro, relaxar; e o quarto eleva o nosso espírito a um alegre estado de exaltação mental. Isso lembra, diz Adorno, a receita de felicidade dada aos pobres: se eles dormem num quarto frio, precisam apenas de colocar o pé para fora do cobertor para sentir maior prazer e conforto em recolocá-lo sob o seu calor. O segundo e o terceiro movimentos de uma sinfonia, descritos inadequadamente como momentos que nos permitem sonhar e relaxar, não correspondem à maior parte das sinfonias (como o segundo da *Quarta Sinfonia* de Brahms, que não é menos complicado que o primeiro). O mesmo acontece com o movimento final da sinfonia, que não conduz a um "eufórico estado de exaltação mental", pois podemos ouvir uma peça musical altamente excitante de forma atenta e compreendê-la sem nos excitarmos.

Embora o programa tentasse tornar a música séria acessível às crianças, substituindo a expressão "grande obra de arte" pelos termos "diversão" e "prazer", o resultado final foi o barateamento da música sem, no entanto, diminuir a necessidade de adoração dos músicos como líderes espirituais. A educação musical, diz Adorno, não significa a adoração dos músicos, mas sim o respeito pela obra, manifestado pela preocupação do ouvinte com o sentido musical *per se*.

O prazer da apreciação musical, segundo os métodos do programa, coincidiria com o prazer do reconhecimento: "A música que é conhecida e relembrada até que possa ser assobiada ou cantada ou ser revista silenciosamente na mente, torna-se amada e é ouvida com apreciação".[19] Ora, diz Adorno, não há dúvida de que o reconhecimento tem um papel importante na experiência musical. Mas o programa estava enfatizando, de fato, um prazer não espontâneo e não imediato: o de possuir um conhecimento musical como uma propriedade. Mas isso está longe, sem dúvida, da verdadeira compreensão musical. É o prazer do avarento que aprecia o ouro que acumulou.

O culto das personalidades, que não é novidade na história da música, foi também uma característica marcante do programa. A função do culto da personalidade na música teve, no entanto, um aspecto progressista no século XVI e no começo do XVII. Mas, atualmente, diz Adorno, desempenha um papel manipulador no setor musical. No caso do programa, o regente Damrosch foi coroado por um halo de poderes misteriosos e mágicos de personalidade: "*Mr. Damrosch volta-se para a orquestra, ondula no ar a sua batuta como uma varinha mágica e instantaneamente lindas músicas são ouvidas em centenas de salas de aulas, do Maine à Califórnia. Nenhum conto de fadas é mais maravilhoso que isso*".[20]

Os compositores, tais como Beethoven e Mozart, são transformados em "gênios musicais", ou seja, em gigantes, em flagrante analogia com os contos de fadas, de onde emergem miraculosamente. No entanto, nenhuma explicação é dada porque são considerados superiores com relação a outros compositores.

---

19 Citado em T. W. Adorno, *op. cit.*, p. 358.

20 T. W. Adorno, *op. cit.*, p. 361.

> Seria uma boa ideia abrir um programa nesse curso, falando aos alunos: "Vocês ouviram que Beethoven é um grande compositor e essa conversa provavelmente os irrita. No mínimo, gostariam de saber por que ele é grande quando comparado a outros compositores. É porque colocou um coro final na *Nona Sinfonia*, ou porque a ópera *Fidélio* é baseada em ideias humanitárias? É porque introduziu a expressão subjetiva como um elemento básico da música? Esta última é certamente a sua contribuição mais notável, mas se desejarmos compreender a música de Beethoven, devemos saber como a expressão subjetiva pode ser percebida dentro da obra de Beethoven e como, nos seus elementos específicos, essa música é superior a outra música. Então, poderemos comparar a música de Beethoven com a de seus contemporâneos. Apontaremos para os elementos específicos de sua técnica, tal como a economia estrita de suas composições que utiliza cada pedaço do material temático e não apresenta nada que não tenha uma função dentro do todo.[21]

Poderiam ser acrescentadas, para se dar pleno sentido musical ao termo "grandeza", as comparações entre compositores cujo principal valor foi o de representarem adequadamente o seu tempo (Corelli, Lully e, numa grande medida, Händel) e Beethoven, cuja música é inerentemente um ataque às convenções musicais de seu tempo. As explicações poderiam ajudar na compreensão da música séria moderna, que assim poderia ser interpretada como uma herança de Beethoven. Quando os alunos tiverem aprendido isso, não terão necessidade de chamá-lo de "gigante" e perceberão a sua singularidade na devida proporção, não apenas historicamente, mas também em termos absolutos.

---

21 *Ibidem*, p. 362.

Mas o máximo dessa exaltação de gênios da música foi dirigida ao próprio Damrosch, numa linha de alta pressão publicitária da NBC. Embora Damrosch não estivesse consciente disso, a publicidade jogava conjuntamente os holofotes sobre a NBC, nos manuais dos alunos:

> Então apareceu o rádio. Mr. Damrosch viu que através dessa maravilhosa invenção ele poderia tocar praticamente a todos os jovens da nação. Com a ajuda da National Broadcasting Company, ele fundou *The NBC Music Appreciation Hour*, e por onze anos tem conduzido estes programas das sextas-feiras [...]. Percebendo que através desse maravilhoso e novo meio ele poderia atingir milhões de ouvintes, ao passo que antes apenas tocava para algumas centenas de pessoas, organizou, com a cooperação da National Brodcasting Company, a série de programas de concertos conhecida como *The Music Appreciation Hour*.[22]

Damrosch não era, de fato, um músico de valor notável (o que não prejudicaria o empreendimento pedagógico do programa), mas as fotografias e os letreiros que as acompanhavam, "*O seu condutor, Walter Damrosch*", sugeriam que esse esplêndido e velho homem, "*esse Wotan da música clássica descia das suas alturas e dava toda a sua energia amorosa para as pequenas crianças*".

A ideia de "sucesso", emprestada da competição comercial, foi também usada para designar o padrão musical dos compositores. Na introdução ao programa de Beethoven, da Série D, foi dito:

> O gênio de Beethoven não teve de esperar pelo reconhecimento póstumo. Ele rapidamente alcançou a fama e se tornou bem-sucedido. Muito antes de sua morte, teve a sa-

22 Citado em T. W. Adorno, *op. cit.*, p. 364.

> tisfação de saber que era considerado o maior compositor de seu tempo.[23]

A aprovação pública e a remuneração tornaram-se, pois, os critérios para se julgar o alto padrão musical de Beethoven. No caso em questão, é bem sabido que Beethoven nunca se tornou bem-sucedido comercialmente, embora não tenha passado fome. Na verdade, quando alguns dos aristocratas austríacos, que lhe garantiam uma pequena pensão, morreram, parte dela foi cancelada, e Beethoven precisou entrar em litígio para obter esse dinheiro. Mais tarde, caiu em dificuldades financeiras por causa de seu sobrinho e, aproximadamente, em 1821, foi preso pela polícia por causa de sua aparência miserável. No caso de Wagner, o programa usou o mesmo padrão de avaliação: a história de um homem que lutou na juventude e foi devidamente remunerado na maturidade, segundo o ditado latino, *per aspera ad astra*.

Novamente, diz Adorno, ocorreu uma distorção histórica da realidade, em prol da reafirmação da ideologia da cultura que entroniza os bens materiais e o sucesso nas finanças. Ora, isso significa também desvalorizar a música séria que ainda não alcançou aprovação pública e fomentar uma atitude reacionária em termos musicais. Cita alguns exemplos do programa: a música do "excêntrico" Mahler é preterida pelo "gênio" Sibelius, e a música de Samuel Barber é valorizada pela sua "moderação no uso da dissonância".

A totalidade dessas características do programa, Adorno chamou-a de tendência para produzir "*babbitts*" musicais (referência ao personagem George Babbitt, de Sinclair Lewis, que simboliza a mediocridade cultural do homem norte-americano). A "babiteria" (*babbittry*) musical, com sua ênfase no efeito da música sobre o ouvinte, fomenta a ideia de que o relaxamento prazeroso é a própria função da música. Nesse sentido, é fácil imaginar que a música é o descanso

23 T. W. Adorno, *op. cit.*, p. 365.

do guerreiro, isto é, do homem de negócios que após a labuta se permite uma espécie de entrega ao sentimentalismo musical. O anti-intelectualismo manifesto por essa atitude também se revela na astúcia com relação aos valores que mandam no mercado: para a "babiteria", a importância de alguma coisa pode ser medida e expressa em termos quantitativos, ou seja, em termos do dinheiro que foi gasto com ela.

A conclusão de Adorno, ao final da análise, é de que se a mentalidade filistina grassa entre aqueles que receberam educação musical, então não se poderá esperar que os jovens, musicalmente não conscientes, tornem-se melhores que os seus educadores.

Conclusões

A iniciativa educacional da NBC poderia merecer elogios por ser um serviço público prestado pelo rádio, em prol da democratização da cultura musical. No entanto, a análise de Adorno permitiu mostrar como ela obedeceu aos interesses dos monopólios comerciais no setor musical, pela via da transmissão radiofônica. Não aparecia como *business* porque não contava com patrocínio comercial e implicava enormes despesas da NBC. Mas tinha todas as marcas da indústria do entretenimento, de modo que a intenção educativa foi solapada por uma intenção comercial não confessada: a de vender a música clássica, além de vender uma imagem promocional da rede NBC. Parece que a regra de ouro para se comercializar os clássicos é a de converter a cultura em pseudocultura musical, a formação do ouvinte em semiformação e a apreciação musical em diversão.

A análise hipercrítica de Adorno poderia até parecer injusta e impertinente diante do enorme esforço da NBC. Mas parece que hoje, quando a indústria cultural da música já realizou os seus objetivos e chegou, com isso, à sua plena e horrenda visibilidade, as suas palavras não parecem ser tão indigestas quanto nos anos de 1930 e 1940. Essa é, inclusive, a opinião de muitos críticos musicais dos anos de 1990 para cá, como se Adorno tivesse diagnosticado a doença ainda quando os sintomas eram iniciais e confusos, fora de um enquadre definido.

Em última análise, a "apreciação musical" conduzida pelo programa, sob a pressão dos monopólios comerciais do setor musical, criou uma espécie de homogeneidade (ou nivelamento por baixo) entre a música como arte autônoma e a música popular comercial, por meio do poder de massificação do rádio como um grande executor das tendências objetivas de deterioração cultural e da regressão da audição.

O programa de apreciação musical pelo rádio foi um fenômeno tipicamente norte-americano, que dependeu da existência de grandes corporações capitalistas invadindo o setor musical, de um lado, e de grandes redes de emissoras de rádio a percorrer o país inteiro, de outro. Mas hoje os monopólios da música usam uma grande diversidade de estratégias para vender seus produtos, em qualquer parte do mundo. De certa maneira, os programas de apreciação musical parecem ser uma coisa ultrapassada, como estratégias para atrair consumidores. Os discos compactos de música clássica, os mais vendáveis, atomizam e trituram a música clássica de modo tal que podemos ouvir uma série de trechos musicais, extraídos de vários compositores de épocas diferentes, numa tacada só, sem maiores esforços de compreensão e apreciação musicais. Essa tendência objetiva equivale a impor, no plano subjetivo, um único padrão de escuta da música, popular ou séria: atomístico, desconcentrado, pouco exigente etc. Adorno tinha razão quando não parecia ter razão, ao apontar para os elementos ocultos de uma programação de música clássica dos anos de 1930, que se desnudaram no curso do tempo. Afinal de contas, tudo é diversão do ouvinte e lucro das gravadoras. Isso é cultura?

Indústria cultural e indústrias culturais: alguns apontamentos[1]

Iray Carone

Para começo de conversa, a expressão "indústria cultural" é muito mais metafórica que literal. Em um manuscrito denominado "Plugging study",[2] que serviu de roteiro para uma pesquisa de campo sobre as canções populares de sucesso (*hit songs*), T. W. Adorno usou, pela primeira vez, a expressão "indústria da música popular":

> Primeiro de tudo, é necessário explicar o que se entende pelo termo "indústria". Pois é evidente que não se pode falar sobre indústria da música popular num sentido literal. Canções não são nem produzidas em fábricas com a ajuda de máquinas nem por operários de fábricas. Assim, o termo tem necessariamente um significado mais ou menos metafórico.[3]

A indústria da música popular, tal como se apresentava em 1939, era mais manufatureira que industrial.[4] Embora jogando mui-

1 Publicado originalmente em *Impulso – Revista de Ciências Sociais e Humanas*, v. 23, n. 57, maio a agosto de 2013, p. 9–17.

2 Theodor W. Adorno e Duncan MacDougald, "Plugging study", *in*: *Lazarsfeld Papers*; Nova York: Columbia University, 1941

3 *Ibidem*, p. 1.

4 Em 1963, em uma conferência radiofônica, Adorno reiterou que a expressão é metafórica quanto aos métodos de produção, inclusive nas realizações altamente organizadas de filmes cinematográficos. A expressão está referida,

tos produtos musicais na circulação de mercadorias e inserida no modo capitalista de produção econômica, seus métodos de produção não poderiam ser considerados *estritamente* industriais. No entanto, Adorno observou que os meios de reprodução técnica afetavam tanto a produção musical quanto sua recepção pelos ouvintes. As determinações da reprodução técnica, responsáveis pelas cópias do produto que entrarão na circulação de mercadorias, estão *internalizadas* na forma da produção de seus artefatos—as composições musicais precisavam ser feitas como produtos vendáveis e com potencial de sucesso comercial. O que é verdade ainda hoje.

Na cabeça de um compositor de música popular, por exemplo, já há o imperativo de pensar no aspecto comercial de sua composição antes mesmo de sonhar com sua gravação em disco. Ou seja, de pensar em sua composição como uma mercadoria antes de ela se tornar um produto posto à venda pelas gravadoras. Elton John, quando começou a compor músicas populares—após uma formação musical anterior em música séria—foi instruído pelos produtores comerciais para nelas acrescentar refrãos ou repetições regulares de acordes e letras para deles não só derivar o título das canções como provocar sua memorização pelos ouvintes. Em outras palavras, a composição da música popular inclui seu próprio anúncio comercial ao usar uma técnica muito semelhante àquela da publicidade de mercadorias—os *jingles*! Até um ouvinte incapaz de memorizar uma canção inteira poderá lembrar-se muito bem de seu refrão, da mesma maneira que se lembra de um antigo *jingle*: "Melhoral, Melhoral, é melhor e não faz mal!".

Um dos recursos atuais dos novos compositores é o de colocar suas músicas em vídeos do *YouTube*—a invenção tecnológica do *broadcast yourself*—a fim de testar seu potencial de sucesso comercial

deste modo, à padronização dos produtos da indústria cultural. A conferência foi traduzida para o inglês sob o título "Culture industry reconsidered" e publicada na *New German Critique* , n. 6, p. 12–79, outono 1975.

pelo número de pessoas que o acessam e o comentam e, desse modo, suscitar o interesse de alguma gravadora.[5] Um disco é um investimento comercial que implica custos, e o potencial de sucesso é um elemento essencial para a tomada de decisão sobre sua gravação.

Mas voltemos ao estudo da indústria da música popular nos tempos em que Adorno começou a investigar o cenário musical norte-americano, em plena era do rádio, do cinema falado, das *big bands* e seus arranjos jazzísticos, das editoras de Tin Pan Alley e do apogeu da música popular por meio do *radio plugging*.

O manuscrito "Plugging study",[6] que ainda se encontra nos arquivos da Universidade de Columbia, é parte do chamado The *Princeton Radio Research Project*, de cuja seção musical Adorno foi diretor, de 1938 a 1941, nos Estados Unidos. Quem realizou a pesquisa de campo junto às editoras musicais, revistas musicais da época, pessoal do rádio e de orquestras, *pluggers* etc. para fazer um levantamento completo sobre o negócio da música popular nos EUA foi Duncan MacDougald Jr. A orientação do projeto foi de Adorno, do começo ao fim da pesquisa, atestada pelos inúmeros memorandos acrescentados aos relatórios de pesquisas de MacDougald. Exemplos de memorandos assinados por "TWA" são aqueles em que diz para MacDougald "checar" números e tabelas fornecidos pelos editores,

5 Ao que tudo indica, o disco gravado está caindo em uma relativa obsolescência, porque o artista pode ser beneficiado pelo número de acessos à sua música pelo YouTube, sem precisar de gravadoras; os shows musicais para o grande público parecem estar substituindo o rádio e os discos na produção de sucessos.

6 O termo *plugging* era utilizado para designar o mecanismo da propaganda da música pelo rádio, que consistia em rodá-la várias vezes por dia e semanas nos programas musicais, de costa a costa do país, para sua rápida popularização; hoje, o *plugging* é chamado de *rotation*, que é medido por *spins per week*. O *plugging*, entretanto, não deve ser confundido com a prática da *payola* (no Brasil, jabaculê), que é o suborno de uma gravadora para uma música de determinado artista rodar mais vezes nas emissoras.

revistas ou emissoras de rádio; ou, então, observações pontuais para dar mais precisão ao texto, do tipo:

> Por favor, insira algumas sentenças contendo informação precisa sobre os dois tipos de arranjos: *stock arrangements*[7] e arranjos especiais para bandas, não apenas com referência às diferenças de estilo entre esses dois tipos de arranjos, mas também com referência às implicações financeiras—por exemplo, se realmente os *stock arrangements* são pagos pelos editores e os arranjos para os conjuntos musicais por eles mesmos, ou se os últimos são pagos também pelos editores etc. Eu gostaria também de ter aqui alguma informação sobre se os arranjadores tem alguma conexão com os conjuntos musicais, como se afirma frequentemente, ou se eles são, de fato, meros funcionários dos editores.[8]

Dessa pesquisa de campo derivaram dois artigos: "The popular music industry", de Duncan MacDougald Jr., e "On popular music", de T. W. Adorno (com a assistência de George Simpson). Ambos foram publicados em 1941; o primeiro, na coletânea de Paul Felix Lazarsfeld e Frank Norton Stanton—*Radio Research 1941*;[9] o segundo, na revista do Instituto de Pesquisa Social publicada em inglês sob o título *Studies on Philosophy and Social Science*.[10]

---

7 *Stock arrangements* eram feitos pelo departamento de arranjos das editoras após a aprovação de uma determinada música ou canção e do acerto das formalidades de direitos de reprodução; as cópias "*black and white*" eram tiradas da cópia padronizada para piano da editora para circular por toda a indústria e entre os artistas do setor musical (Adorno e MacDougald, 1941, p. 23).

8 T. W. Adorno e D. MacDougald, *op. cit.*, p. 24.

9 Paul F. Lazarsfeld e Frank N. Stanton, *Radio Research 1941* (Nova York: Duell, Sloan and Pearce, 1941).

10 Theodor W. Adorno, "On popular music", *Studies on Philosophy and Social Science*, v. 9, p. 17–48, 1941.

Em seus estudos sobre a música no rádio, não só da música popular, mas também da música séria, Adorno ateve-se, em primeiro lugar, a dois veículos de sua reprodução técnica: as editoras musicais e o rádio. Os veículos de reprodução técnica afetavam diretamente não só a produção musical, mas também os receptores—os usuários das partituras impressas (em geral, com arranjos para piano e letras) e os ouvintes do rádio.

Poder-se-ia pensar que a música séria, composta e produzida bem antes do advento do rádio e da indústria cultural da música, não seria afetada quando reproduzida pelo rádio. Ledo engano. Será que a *Quinta Sinfonia* de Beethoven não é convertida em uma música de câmara de baixa qualidade quando transmitida pelo rádio? Música de câmara porque perde, pela engenharia de som dos estúdios do rádio e do uso de microfones, sua enorme dimensão acústica, semelhante ao que acontece com a catedral de Milão quando miniaturizada em um enfeite de bolo ou em uma réplica horrorosa de algum monumento de cemitério. De baixa qualidade, porque a música de câmara é polifônica e a sinfonia não;[11] além do efeito sobre os sons dos instrumentos da orquestra, que são transformados tecnicamente em *imagens* sonoras em virtude da passagem da corrente das ondas hertzianas, próprias a esse veículo. Essas transformações (assim como outras) foram impostas pelo veículo, a tal ponto que a maior perda foi a da própria estrutura sinfônica! Ouvir uma sinfonia no rádio não constitui uma verdadeira experiência estética de contato com ela: é outro produto que, na verdade, converteu a sinfonia de Beethoven em um sucedâneo redutor sem qualidade. Interessante anotar que Adorno considerava que se poderia fazer do rádio um instrumento musical e produtor de música, à maneira do *Teremim*, do violino *Meissner*, do órgão *Hammond* e do

11 Theodor W. Adorno, "The radio symphony", *in*: P. F. Lazarsfeld e F. N. Stanton, *op. cit.*, p. 110–139.

instrumento Mager,[12] embora o criticasse na reprodução elétrica dos *sons naturais* de instrumentos não elétricos. Ou seja, usar suas características tecnológicas para fazer música em seu próprio estilo.

A análise de Adorno deteve-se, pois, nas propriedades imanentes da reprodução técnica, ou seja, sobre como o veículo atravessa e modifica o conteúdo veiculado, convertendo-o em outra coisa e, além do mais, afetando o receptor.

Quais eram, portanto, essas propriedades do veículo "rádio", as alterações qualitativas da música por ele transmitida e os efeitos sobre o receptor? Adorno desvendou cinco propriedades, às quais chamou de *categorias do rádio*: a simultaneidade temporal, a ubiquidade, a ubiquidade-padronização, o caráter de imagens sonoras de seu "som" e a escuta atomística. Sem dúvida, essa investigação permitiu-lhe ver como cada uma dessas propriedades afetava a música por ele transmitida, não só durante a reprodução, mas também na produção e nos efeitos sobre as audiências.[13]

Estendendo as questões sobre as propriedades imanentes do rádio aos outros veículos, será que os conteúdos não estarão sempre alterados de forma peculiar pelos demais veículos que conhecemos, embora não saibamos como?

Sendo eles os principais responsáveis pela disseminação da cultura e da indústria cultural, podemos dispensar a análise de suas propriedades e nos concentrar apenas em seus conteúdos e efeitos sociais e/ou psicossociais, como se os conteúdos e os receptores *não* estivessem pré-condicionados pelos meios?

---

12 Theodor W. Adorno, "Music in radio", in: *Lazarsfeld Papers*. Nova York: Columbia University, 1938, p. 151–156.

13 Theodor W. Adorno, *Current of music: elements of a radio theory* (Frankfurt: Suhrkamp, 2006), p. 75–199; Iray Carone, "A face histórica de 'On popular music'", *Constelaciones – Revista de Teoria Crítica*, n. 3, dez. 2011, p.148-178.

Não me parece que Adorno tenha negligenciado essa análise; ao contrário, dispôs-se a enfrentar a dificuldade de criar hipóteses sobre o veículo do rádio e sobre os efeitos da transmissão radiofônica no receptor – a audição regredida, desatenta e atomística. Não me parece também que o conteúdo possa ser dissociado do veículo, ou melhor, que ambos possam ser tratados como coisas separadas. Abstrair um do outro é o mesmo que dissociar a forma do conteúdo sem apanhar a maneira peculiar pela qual o conteúdo foi transformado pelo meio de reprodução técnica. Exemplo notável é a transformação do livro *A guerra dos mundos*, de H. G. Wells em uma peça radiofônica do *Mercury Theatre on the Air* de Orson Welles—que produziu um memorável pânico coletivo nos EUA em 1938, e, mais tarde, no Equador, em 1949—, ou transformado em filmes de Hollywood ou na gravação da peça radiofônica em um disco. O romance impresso jamais poderia provocar um comportamento de pânico em seus leitores; tampouco os filmes sobre *A guerra dos mundos* conseguiram ou conseguiriam levar o público a enlouquecer diante da encenação da invasão marciana na Terra. A mesma peça radiofônica gravada em um disco nem em sonho conseguiria induzir o ouvinte a correr para as ruas em busca de socorro diante de uma ameaça iminente

O poder do rádio, de onde vem?

Adorno responde com sua análise das categorias do rádio: a coincidência temporal ou simultaneidade temporal induz a *ilusão de imediaticidade.*[14] Essa ilusão de imediaticidade significa que a mediação técnica do rádio não é percebida pelo receptor, como se o rádio fosse uma voz falando diretamente em seus ouvidos. A mediação do livro impresso, a mediação do disco e a mediação do filme estão *congeladas e materializadas* no livro, no disco e no filme—são claramente perceptíveis ao receptor. A imediaticidade também atrapalha o discernimento entre o que é fato e o que é ficção, entre o que está aconte-

14 T. W. Adorno, *Current of music*, p. 81–82.

cendo em tempo real e o que já aconteceu. A televisão pode, também, causar a ilusão da imediaticidade, razão pela qual se torna necessário, por vezes, acrescentar mensagens às imagens transmitidas: "ao vivo", "imagens gravadas" ou mesmo "simulação com atores".

Ora, se o rádio se distingue dos meios de reprodução anteriores é porque foi o primeiro veículo a usar ondas eletromagnéticas. Exatamente por causa dessa propriedade é que ele suplantou os noticiários da imprensa jornalística - o rádio anuncia bem antes da imprensa escrita o que está acontecendo em um determinado momento. E mais, se a diferença temporal entre emissão e recepção é desprezível, pode-se dizer também que, com o uso de ondas hertzianas, o rádio conquistou a ubiquidade–fenômeno nunca antes registrado e impossível de acontecer pelos meios impressos tradicionais.

É interessante observar outra diferença entre o rádio e o jornal. O controle do tempo no rádio equivale ao controle do espaço no jornal. Neste, as matérias têm seu "volume" medido em caracteres escritos e espaços em branco; no rádio, os minutos e segundos são rigorosamente contados na transmissão. No jornal, isso incide diretamente na compressão da linguagem, na padronização dos escritos, nas manchetes quase telegráficas e no encurtamento (concisão) das mensagens. *Menos é mais*—bons jornalistas sabem disso. No rádio, a voz sofre o impacto da exigência de uma dicção bem modulada e de a mensagem ser controlada pelos minutos e segundos de sua emissão e a se dirigir *simultaneamente* para milhares de ouvintes de locais geográficos diferentes, ou seja, destinada ao ouvinte-padrão. Há uma espécie de compressão e padronização da linguagem–quer no espaço, quer no tempo - para sua adequação ao meio utilizado e para atingir distintos receptores na outra ponta do processo da comunicação.

Os programas de música séria veiculados pela televisão, por exemplo, são pouco atrativos até para aqueles que apreciam esse tipo de música e têm a oportunidade de uma visão mediada dos instrumentos, dos músicos e do regente da orquestra. A televisão é um meio em que as imagens se sucedem em grande velocidade, o que determina a imobilidade do telespectador diante de sua tela. Se as imagens forem estáticas e focalizarem o mesmo cenário por muito tempo, o condicionamento do meio interfere em seu comportamento, que se torna inquieto como se quisesse impor mais movimento na máquina para voltar a imobilizar a si mesmo. Para se perceber a velocidade de sucessão de imagens da TV, basta desligar o áudio do aparelho. A imagem conectada com o áudio forma, de fato, uma unidade que torna imperceptível a velocidade dessa tecnologia de comunicação. Outro fato que decorre da velocidade é a dificuldade do receptor em reter pela memória o que foi dito e visto, precisando gravar ou rever as imagens e as falas para guardar sua lembrança. Comparando a televisão com o livro impresso, é como se este último estivesse parado e obedecendo ao ritmo de leitura imprimido pelo receptor. Por essa razão, diz-se que a leitura é uma *atividade* do leitor na mesma medida em que há falta de atividade ou *passividade* do telespectador (a não ser quando muda de canal ou desliga seu aparelho). O rádio, por sua vez, pode ser ouvido apenas como um *fundo* que não interfere nas outras atividades do ouvinte, cuja audição é regredida, atomística e desconcentrada. É o *non-listening listening* do rádio.

No cinema, o olho da câmera em movimento lento ou *ralenti* apanha e registra movimentos imperceptíveis aos nossos sentidos, como aqueles do nascimento e desenvolvimento de uma plantinha até o desabrochar de uma flor ou então quando flagra em imagens os lapsos dos movimentos e falas ocorridos em uma conversação—antes apenas capturados pela atenção flutuante do psicanalista—, facultando, assim, "a análise de realidades até então inadvertidamente perdidas no vasto fluxo das coisas percebidas".[15] Outro ponto a destacar

15 Walter Benjamin, "A obra de arte na época de suas técnicas de reprodução", *in*: Walter Benjamin, Max Horkheimer, Theodor W. Adorno e Jürgen Habermas, *Textos escolhidos* .São Paulo: Abril Cultural, 1980, p. 22 - 23.

da reprodução cinematográfica é a espacialização do movimento, ou seja, o cinema é apenas e tão somente uma réplica tecnológica que reduz os movimentos a um conjunto de imagens paradas—os *fotogramas*. Quando os fotogramas são projetados na tela, com a velocidade de quarenta quadros por segundo, o cérebro bloqueia a percepção da espacialização do movimento. Ou seja, o movimento temporal no cinema é uma ilusão determinada tecnicamente. O cinema não causa a ilusão de imediaticidade do rádio, mas a *ilusão do movimento*.

De qualquer maneira, o que temos que levar em consideração é que os distintos meios de reprodução técnica são diferentes entre si e nos afetam, como receptores, de maneira distinta. Saber como afetam a produção cultural e como nos afetam social e psicologicamente é procurar entender as indústrias culturais, cada uma em sua especificidade, sem cair na visão universal e abstrata de "a indústria cultural". Essa expressão gasta e banalizada, no entanto, poderá ganhar contornos novos se levarmos a sério as pistas abertas por Adorno ao estudar a música veiculada pela reprodução técnica do rádio. As investigações sobre as indústrias culturais devem prosseguir, sobretudo por causa do forte impacto da revolução elétrica e eletrônica em curso que, a partir do rádio, tem alterado o cenário da produção cultural no mundo contemporâneo.

O conceito de indústria cultural está, pois, em relação dialética com seu objeto: as indústrias culturais. Se o conceito (ou teoria) desvela-nos criticamente a *função social* de entretenimento e entorpecimento das massas, o objeto multiplicou-se e desdobrou-se em uma pluralidade de imagens dos produtos, dos meios e dos receptores das indústrias culturais.

O conceito de indústria cultural, contudo, ao ser abstraído das indústrias culturais, perde seu poder crítico e degrada-se como mero conceito formal; as indústrias culturais, por seu turno, sem o poder crítico do conceito, não são relevantes para uma teoria crítica da sociedade. Os *media studies*, grosso modo, são um exemplo da falta de um enfoque crítico das indústrias culturais.[16] Em suma, o conceito de indústria cultural tem de ser urgentemente confrontado com seu objeto[17] para que aquilo que foi criado como instrumento crítico da cultura não seja gloriosamente enterrado. Há muito a investigar no mundo depois de Adorno.

Frisamos que se trata de uma relação dialética ou de contradição entre conceito e objeto que não se resume apenas à articulação entre o conceito de indústria cultural e as várias indústrias culturais. É preciso ir além e examinar a articulação entre o conceito e os produtos vários das indústrias culturais. De algum modo, tais articulações foram postas pela obra de Adorno; no entanto, nem sempre foram percebidas por seus leitores, como se bastasse "pinçar" o conceito de indústria cultural em sua obra escrita com Horkheimer e publicada pela primeira vez em 1947, *Dialética do esclarecimento*. Vale a pena lembrar que o conceito foi elaborado depois do estudo do rádio (1938–1941) e talvez tenha derivado sua força crítica exatamente da imersão adorniana no objeto.

---

16 Hoje se fala em *critical media studies* quando os estudos dos meios de reprodução técnica têm base na teoria crítica.

17 Adorno (*Lectures on negative dialectics: fragments of a lecture course, 1965-1966*, Cambridge: Polity Press, 2008, p.7) diz que a relação do conceito (teoria) com o objeto (não conceitual) é dialética. "O que se entende por isso é que o conceito entra em contradição com a coisa à qual se refere"; "(O fato é que não estou falando sobre "conceito" no sentido ordinário, mas sobre o conceito que já é teoria)"; "O conceito é sempre menos que aquilo que é subsumido a ele. Quando B é definido como um A, ele é sempre diferente de e mais que A, o conceito sob o qual está subsumido por meio de um julgamento predicativo. Por outro lado, entretanto, num certo sentido, o conceito é ao mesmo tempo, mais que as características que estão a ele subsumidas. Se, por exemplo, eu penso e falo de liberdade , este conceito não é simplesmente a unidade das características de todos os indivíduos que podem ser definidos como livres, com base em uma liberdade formal enunciada numa dada constituição".

Quais são as implicações da apropriação *incompleta* do conceito, sem a relação dialética deste com o não conceitual por ele determinado, ou seja, ao se pensar que o conceito *coincide* com o objeto, o universal com as suas concretizações? E as diferenças de *menos* e de *mais* entre conceito e objeto, onde ficam?

Se mantivermos o conceito separado do objeto, por certo ficaremos presos a uma asserção simples que equivale a uma *condenação em bloco* da indústria cultural como o grande mal da cultura, sem maiores cogitações sobre os objetos produzidos. No entanto, não raro, deparamo-nos com filmes—da indústria cultural do cinema—que têm conteúdo de verdade. São filmes de arte que conseguiram transcender, por meio de sua técnica interna, os limites impostos pela dominância da reprodução técnica sobre a produção; ou então, músicas populares não padronizadas na melodia, letra, harmonia e ritmo, como a peça para piano *Deep purple*, de Peter De Rose, ou *The bells of San Raquel*, de Barcelata, grandes sucessos da era do rádio, avaliadas em sua estrutura musical por Adorno como composições comparativamente superiores ao grosso da produção da música popular.[18] Mas não só elas, evidentemente.

Isso nos leva a pensar que voltar a atenção para os *objetos* é a única maneira de restituir à crítica o poder da crítica-sem o que ela é genérica e homogeneizante; em outras palavras, uma bobagem com ares de sabedoria. Mesmo as obras de arte, consagradas ou não por algum cânone literário, não podem ser simplesmente idealizadas como o contrário determinado pela crítica em bloco da indústria cultural: o reino da verdade e do bem. Manter a tensão dialética entre conceito e objeto, tanto no que diz respeito à arte como à indústria cultural, é a saída legítima para se evitar a canonização da arte pela excomunhão da indústria cultural.

---

18 T. W. Adorno, *Current of music*, p. 479–496.

A lógica do mercado, sem dúvida alguma, nivela a produção cultural por meio da dominância da reprodução técnica sobre a produção e sua recepção pelo consumidor; no entanto, podemos dizer que nem sempre os produtos ou objetos produzidos subordinam-se inteiramente a essa pressão. Há diferenças qualitativas entre eles. A própria dialética conceito-objeto permite-nos aumentar o foco para discriminar essas diferenças sem jogar todos os produtos da indústria cultural no inferno. Disse Adorno sobre como avaliar a qualidade de músicas populares:

> O único meio para se avaliar canções de sucesso de maneira correta é analisá-las tão concretamente quanto possível com base na sua própria linguagem e sem importar critérios de fora de sua própria esfera.
>
> [...]
>
> Qualquer avaliação que queira simplesmente medir a música popular por padrões da "música séria" não será apenas irrealista, mas também esteticamente superficial por aplicar critérios alheios àqueles inerentes à própria composição.[19]

Em outras palavras, a avaliação crítica das músicas populares não pode ser "musicalmente moralizadora", porque há boas canções que são mal harmonizadas no sentido acadêmico e vice-versa.[20]

Ora, parece que é isso que está acontecendo com a crítica dos produtos da indústria cultural—ela tornou-se *moralizadora* ou *moralista*. É o inverso do que deveria ser.

Podemos dizer, então, que conhecer as vicissitudes das indústrias culturais, sujeitas diretamente às pressões do comércio, e cada uma de um modo particular, permite-nos avançar no processo da

19 *Ibidem*, p. 479.

20 *Ibidem*, p. 479.

crítica da qualidade de seus produtos. Embora alguns produtos possam ser considerados *meras exceções à regra geral*, eles também confirmam que o investigador não pode contentar-se com o conceito de indústria cultural sem articulá-lo com o objeto, ou seja, desconhecendo como o universal nele está concretizado. Às vezes, de modo contraditório ao conceito.

> Pois na música popular a fórmula padronizada, que é onipresente, permite ao compositor a realização de suas intenções essenciais apenas na forma dos desvios mais discretos, enquanto que o compositor da música séria não está limitado por qualquer padrão fora de sua própria imaginação e pode, por conseguinte, fazer de suas intenções originais o principal evento.[21]

Voirol (2011) diz que os trabalhos de Adorno sobre os meios de comunicação e a cultura no período do pós-guerra tomaram um rumo diferente com suas intervenções no sistema midiático ao estar muito presente–como intelectual público num momento tão importante da Alemanha—na imprensa, no rádio e na televisão. "Pode-se perguntar se esta presença na mídia não é uma contradição prática de sua proposta sobre a indústria cultural".[22]

Mas, diz o autor,

> Um leitor avisado de Adorno percebe as inflexões que ele opera em suas diferentes intervenções. Com efeito, pode-se ter a impressão de que Adorno considerava implicitamente que os meios de comunicação não estavam unilateralmente

21 *Ibidem*, p. 479.

22 Olivier Voirol, "Retour sur l'industrie culturelle", *Réseaux*, Paris, v. 29, n. 166, 2011, p. 150.

> submetidos aos mecanismos alienantes da indústria cultural, que subsistiam margens de autonomia.[23]

Até considerou a possibilidade de um cinema "emancipado", cuja finalidade seria, de um lado, romper com as representações coletivas inconscientes e irracionais ao se colocar a serviço do esclarecimento e, de outro, problematizar sua relação com os dispositivos técnicos – a prática da montagem e do arranjo das sequências permite interromper a cadeia de identificações do espectador com a realidade factual. O cinema pode, assim, transformar-se em um instrumento de "deciframento do mundo", capaz de trazer à tona as experiências escondidas ou recalcadas, da mesma maneira que a pintura pela visão e a música pela experiência acústica.[24]

Para concluir, é interessante observar que Adorno é considerado elitista e até preconceituoso ou ignorante com respeito à música popular e aos meios de comunicação de massas que chegou a conhecer: rádio, imprensa, cinema e televisão. No entanto, seus estudos sobre a música no rádio e desse meio de comunicação revelam-nos uma faceta diferente, se entendermos corretamente suas análises e críticas. Elas atestam sua proximidade reflexiva com as indústrias culturais, a pertinência de suas observações sobre os objetos produzidos e até sua participação no sistema midiático. Talvez tenhamos perdido o mapa por ele traçado em algum lugar.

---

23 *Ibidem*, p. 150–151.

24 *Ibidem*, p. 150–151.

A face histórica de *On popular music*[1]

Iray Carone

Introdução

Quando o artigo "On popular music", de Theodor W. Adorno (com a assistência de George Simpson), foi publicado pela primeira vez, em inglês, pela revista do Instituto de Pesquisa Social—os *Studies in Philosophy and Social Science*, volume IX do ano de 1941–, o seu vínculo histórico com a produção musical norte-americana no período de 1938 a 1941 e, sobretudo, com a alavanca tecnológica do rádio na popularização da música ficou enterrado, por assim dizer, nos arquivos das pesquisas que lhe serviram de fundamento. Encontramos tais pesquisas na seção de Obras Raras e Manuscritos da *Butler Library* da Universidade de Columbia, algumas ainda no formato de relatórios, tais como as que foram realizadas em parceria com Duncan MacDougald Jr. sob o título "Plugging study" (1939). Dessas pesquisas resultaram dois artigos: "The popular music industry", de MacDougald, e "On popular music", de Adorno.[2] O primeiro foi pu-

1 Publicado originalmente na revista *Constelaciones – Revista de Teoria Crítica*, nº 3, dezembro de 2011, p. 148 - 178.

2 Duncan MacDougald Jr., "The popular music industry", *in* Paul F. Lazarsfeld e Frank N. Stanton (orgs.), *Radio research 1941*, Nova York: Duell, Sloan and Pearce, 1941, p. 65 - 109; Theodor W. Adorno e George Simpson, "On popular music", *Studies on Philosophy and Social Science*, v. 9, 1941, p17-48.

blicado na antologia de Paul F. Lazarsfeld e Frank N. Stanton, *Radio Research 1941*; o segundo, como já dissemos, nos *Studies*.

Uma outra fonte da década de 1940 que nos dá indicações do fundo histórico de "On popular music" e revela com mais nitidez as tentativas metodológicas do autor para se acercar de seu objeto—a indústria cultural da música—é um livro do espólio das obras de Adorno, *Current of music: elements of a radio theory*, publicado pela Suhrkamp em 2006. Esta obra—recentemente saída dos arquivos de Columbia–tem a virtude de mostrar *in fieri* as hipóteses e inquietações adornianas sobre como analisar a música popular transmitida pelo rádio. De certa maneira, a leitura desses escritos traz um sentido novo às teses contidas em "On popular music", quando a sua *fisiognomia do rádio* entra na cena do palco. Pois a análise da música popular, assim como da música séria, não poderia ter sido feita sem um passo investigativo prévio: o de saber de que modo a reprodução tecnológica do rádio nos Estados Unidos da América—país com a maior concentração de editoras musicais e de emissoras de rádio do mundo—estava afetando diretamente a qualidade da produção musical.

Mas há ainda mais uma fonte importante, ainda não publicada, na forma de um extenso memorando de 161 páginas–"Music in radio"[3]—datado de 26 de junho de 1938, que parece ter sido destinado às discussões internas da seção musical do Princeton Radio Research Project com Paul Felix Lazarsfeld, principal responsável pelo projeto perante a Fundação Rockefeller. O memorando datilografado conserva pedaços dessa história: as divergências profundas entre as teses adornianas e Lazarsfeld, que ali manifestou sua indignação em letras garrafais, ora em inglês, ora em alemão. Para entender a razão de ser das críticas de Lazarsfeld às propostas de Adorno, é preciso re-

3 Theodor W. Adorno, "Music in radio (memorandum)", in Lazarsfeld Papers. Nova York: Columbia University, 1938.

cuperar um pouco as circunstâncias históricas do próprio projeto de Princeton, desde o seu nascimento.

A pesquisa denominada e conhecida como The Princeton Radio Research Project não foi realizada na Universidade de Princeton, e sim num centro de pesquisas metodológicas fundado por Paul Felix Lazarsfeld em 1936, na Universidade de Newark (New Jersey) e financiado, a partir do outono de 1937, pela Fundação Rockefeller com um orçamento de US$ 67 mil, pelo período de dois anos (embora pudesse ser refinanciado por mais um biênio, de acordo com a aprovação de seus resultados). Na verdade, essa verba foi destinada ao psicólogo Hadley Cantril da Universidade de Princeton, por ter escrito um importante trabalho em coautoria com Gordon Allport, sobre a psicologia do rádio em 1935.

Hadley Cantril, no entanto, ofereceu a direção da pesquisa a Lazarsfeld, cujo nome fora indicado por Robert S. Lynd, da Universidade de Columbia. As negociações então ocorridas resultaram na transferência da verba para o centro de pesquisa na Universidade de Newark, embora Cantril e Frank N. Stanton, do departamento de pesquisa da *Columbia Broadcasting System* (CBS), tivessem sido nomeados diretores associados da pesquisa pela Fundação Rockefeller, através do responsável oficial pelo projeto do rádio, o historiador John Marshall. Quando a verba foi transferida para o centro de pesquisa de Newark, ele passou a ser chamado de *Office of Radio Research*. Na medida em que passou a ter autonomia funcional com relação à universidade, o reitor pediu para a equipe de Lazarsfeld desocupar o espaço do *Office*; no ano de 1938, ele ficou sediado em Nova York, no *Union Square*, nº 41.

Em 1945, o *Office* foi transformado, através de um vínculo com a Universidade de Columbia, no *Bureau of Applied Social Research* (BASR), supervisionado por quatro professores de Columbia, além de Frank N. Stanton, da CBS. O BASR continuou ativo até 1977 e durou cerca de quarenta anos (Lazarsfeld considerava que sua fundação tivesse sido em 1937, quando era ainda o Office of Radio Research), tendo produzido mais de quinhentas pesquisas sobre assuntos variados.[4]

O projeto de Princeton, desde o seu início, estabeleceu uma divisão ou seção especial destinada ao estudo da música no rádio, da qual Adorno se tornou diretor. Segundo dados da CBS, em 1934, os programas musicais constituíam cerca de 60% das emissões radiofônicas, e a música popular concentrava mais tempo de transmissão que os programas de música séria e os não-musicais (*soap operas*, diálogos com roteiros, noticiário, programas educacionais, políticos, humorísticos etc.), embora já houvesse algumas estações de rádio especializadas para este ou aquele tipo de programação. O artigo de Edward A. Suchman—"Invitation to music: a study of the creation of new music listeners by the radio"—, publicado na antologia de Lazarsfeld,[5] é uma análise de ouvintes da rádio WNYC, estação municipal e não comercial operando na cidade de Nova York apenas com música séria, sendo um de seus programas muito popular na época: *The Masterwork Hour*.

A investigação ainda carecia, segundo Lazarsfeld, de métodos e procedimentos para o estudo da comunicação midiática; pelo menos um ano do projeto seria dedicado para descobrir como estudar as audiências do rádio. A prioridade, desde o começo da pesquisa, era a de conhecer os tipos de ouvintes nos Estados Unidos, que já contavam com três grandes redes de estações transmissoras e mais de seiscentas estações comerciais em 1932. Em comparação com outros países, como a Alemanha, Rússia e Itália, os Estados Unidos tinham construído um sistema próprio de transmissão, sendo permitida a sustentação comercial das programações e os anúncios comerciais,

---

4 John Barton, *Bureau of Applied Research, Columbia University: bibliography from its founding in 1937 to its closing in 1977* (Nova York: University of Columbia, 1977).

5 Edward A. Suchman, "Invitation to music: a study on the creation of new music listeners by the radio", *in* Paul F. Lazarsfeld e Frank N. Stanton (orgs.), *Radio research 1941*.Nova York: Duell, Sloan and Pearce, 1941.

bem como foi impedida a utilização do rádio para a propaganda política governamental. Outros países, tais como a Inglaterra, a França e a Áustria consideravam o rádio como um instrumento para a educação e entretenimento dos ouvintes. A maioria dos países da América do Norte e do Sul permitiu o uso comercial do rádio. No entanto, é digna de nota nessa época a enorme superioridade dos Estados Unidos na comunicação pelo rádio, em relação ao número de estações de outros países: Argentina, 38; Austrália, 54; Áustria, seis; Bélgica, 22; Canadá, 66; Dinamarca, quatro; Alemanha, trinta; Itália, doze; França, trinta; Rússia, oitenta; Espanha, quinze. Por aí se vê que a era do rádio foi, sem dúvida, dominada pelas redes norte-americanas, o que deve ter contribuído sobremaneira para a difusão e significativo aumento de vendas de sua música popular no mundo.

O valor essencial do rádio para todos os tipos de ouvintes

A visão sociológica de Theodor W. Adorno sobre o rádio e, sobretudo, a música condicionada por esse meio de comunicação de massas não poderia se coadunar com as intenções e métodos de trabalho do projeto de Princeton. A começar, pela financiadora do projeto—a Fundação Rockefeller. Ainda que esse projeto parecesse estar vinculado ao desejo de conhecer as audiências e os efeitos desse meio de comunicação sobre elas, alguns autores julgam que o interesse pela radiodifusão teve relação com a vitória eleitoral de Franklin D. Roosevelt, que assim enfrentou e derrotou a imprensa dominada pelos republicanos.[6]

A crítica adorniana da música popular contrariava os interesses dos patrocinadores comerciais das programações musicais do rádio. Na verdade, a fundação pretendia que a pesquisa desembocasse

---

6 Josep Picó, "Teoría y empiria en el análisis sociológico: Paul F. Lazarsfeld y sus críticos", *Papers*, n. 54, 1998, p. 31.

em conclusões e recomendações práticas dirigidas aos diretores das emissoras de rádio. Como fundação privada, ela sustentava ou apoiava investigações com coleta de dados e tradução dos seus resultados empíricos em receitas administrativas, supondo que o rádio devesse prestar um serviço público para as audiências. Em outras palavras, o financiamento do projeto de Princeton propunha uma *pesquisa administrativa* sobre o rádio, ou melhor, sobre "o valor essencial do rádio para todos os tipos de ouvintes".

É interessante, pois, entender o que seria uma pesquisa administrativa e as intenções que carregava consigo.

Um artigo de Lazarsfeld publicado em 1941 nos *Studies in Philosophy and Social Science* e depois republicado num livro de 1972 sobre análise qualitativa pretendeu ter esclarecido o assunto, revidando as opiniões contrárias aos propósitos administrativos do projeto de Princeton: "a direção da opinião pública e da administração pública está em se criar melhores condições sociais",[7] embora essa tendência ainda não tivesse se desenvolvido em "assuntos culturais". Segundo Picó,[8] as *good policies* da administração pública nos anos 1930, desde a presidência de H. Hoover e, depois, com Franklin Roosevelt, já contavam com a colaboração de investigações científicas de cunho empírico, sobretudo das ciências sociais aplicadas: a política (*politics*) como atividade de argumentação e de mobilização de massas foi substituída pela *policy making*, ou seja, pela elaboração "científica" e pela opção entre soluções alternativas a problemas isolados.

No caso do projeto de Princeton, isso implicava em conhecer os vários tipos de audiências e as influências sociais (hábitos, costumes, valores etc.) das programações radiofônicas sobre elas. Se, exem-

7 Josep Picó, "Teoría y empiria en el análisis sociológico: Paul F. Lazarsfeld y sus críticos", *Papers*, n. 54, 1998, p. 31.

8 J. Picó, *op. cit.*, p. 17.

plifica Lazarsfeld,[9] os anunciantes comerciais percebem que o rádio é um forte e poderoso vendedor de produtos, então os meios impressos receberão menos dinheiro deles. Caberá então ao pesquisador saber se o rádio desenvolve uma deterioração geral dos hábitos de leitura da população. A pesquisa administrativa versaria, portanto, sobre problemas considerados de interesse público, para fornecer elementos factuais de *surveys* e *panels* às demandas do Estado ou de outras agências financiadoras, com vistas a uma intervenção política possível junto aos donos de emissoras.

Em princípio, o tema da pesquisa versava sobre os ouvintes—*listening to the listener*—para captar como os ouvintes eram afetados pelos vários tipos de programas radiofônicos. Sete perguntas norteavam a pesquisa de campo, que utilizava métodos estatísticos comparativos entre ouvintes e não ouvintes, bem como detalhados estudos de caso de ouvintes individuais:

1. Quem ouve?
2. Em que lugares a audiência ocorre?
3. Quando a audiência ocorre?
4. O que é ouvido?
5. Por que as pessoas ouvem?
6. Como as pessoas ouvem?
7. Quais são os efeitos da audiência?

Qual seria o papel da crítica do rádio nessa pesquisa? No seu artigo sobre a pesquisa administrativa, Lazarsfeld diz que ela deveria ser realizada a serviço de alguma espécie de agência administrativa de caráter público ou privado. Em outras palavras, que essa agência deveria saber o que fazer com os resultados da pesquisa, já que havia sido por ela encomendada. No entanto, "a ideia de pesquisa crítica é colocada contra a prática da pesquisa administrativa, requerendo que, antes e em acréscimo a qualquer propósito especial a que possa servir,

9 P. F. Lazarsfeld, *op. cit.*, p. 156.

o papel geral de nosso meio de comunicação no sistema social presente deveria ser estudado".[10] O rádio, sem dúvida, deveria ser olhado como parte de um sistema social de *advertising culture*: a técnica de manipular grandes massas de pessoas—nos diz Lazarsfeld—foi desenvolvida no mundo dos negócios, mas acabou permeando toda a nossa cultura, que engolfada por uma multidão de padrões promocionais, conduz as pessoas como se fossem peões num tabuleiro de xadrez.

A antecipação da crítica, pela via de uma teoria da sociedade, seria o inverso da pesquisa que buscaria conhecer os fatos na sua crueza empírica. Na verdade, Lazarsfeld, desde o começo da pesquisa sobre o rádio, pretendia combinar ou integrar as duas abordagens—a administrativa e a crítica—, mas com a ressalva de que a pesquisa de campo ou as observações não deveriam ser *viesadas e antecipadas* por uma teoria social das tendências prevalecentes em uma cultura promocional.

Lazarsfeld parecia não supor, em momento algum, que os dados empíricos imediatos da pesquisa—as reações dos ouvintes, os seus *likes and dislikes*—poderiam estar mediatizando forças sociais "de fora" do seu âmbito ou que poderia haver uma teoria subjacente ao seu próprio empirismo. Ou a de se permitir um experimento teórico, como Adorno o fez no clássico artigo "The radio symphony: an experiment in theory",[11] ou no esforço de se manter a teoria (ou conceitos) numa permanente tensão dialética com o seu objeto, representado pelos dados coletados.

---

10 *Ibidem*, p. 159 ss.

11 Theodor W. Adorno, "The radio symphony: an experiment in theory", in Paul Felix Lazarsfeld e Frank Stanton (orgs.), *Radio Research 1941*, Nova York: Duell, Sloan and Pearce, 1941, p 110-139.

Adorno na terra dos patrocinadores do rádio

Adorno frisa, logo no início de seu memorando "Music in radio": "Numa primeira abordagem o autor acredita que o Projeto de Música deverá aspirar a uma 'teoria social da música no rádio'. Não é suficiente meramente coletar fatos e deles induzir asserções gerais simplesmente por meio de métodos estatísticos ou outros".[12] Continua:

> Em outras palavras, uma teoria social do rádio significa uma tentativa de investigar a esfera limitada do rádio como uma espécie de padrão ou microcosmo contendo todos os problemas, antagonismos, tensões e tendências que podem ser encontrados no todo da sociedade moderna. Com a vantagem de que essa esfera do rádio pode ser tratada com alguma chance de sucesso justamente porque a sua novidade dispensa praticamente todas as aparências tradicionais que escondem o trabalho real do mecanismo da sociedade em sua forma mais desenvolvida nas outras esferas da atividade humana.[13]

Mais adiante, aponta para o nó górdio da conexão entre empirismo e teoria: com a teoria, pretende apenas desenvolver um experimento teórico e assinala que mesmo os métodos mais empíricos de pesquisa assumem certas bases teóricas pelas quais ela pode ser desenvolvida, de modo que os resultados dependem – quer de forma tácita ou não – das ideias teóricas originais.

A música ocupa um papel importante no rádio, mas sua proposta não é a de estudar a sua presença quantitativa (65%) nas programações, mas sim a alteração qualitativa que sofre ao ser reproduzida

12 Theodor W. Adorno, "The radio symphony: an experiment in theory", in Paul Felix Lazarsfeld e Frank Stanton (orgs.), *Radio Research 1941*, Nova York: Duell, Sloan and Pearce, 1941, p 110-139.

13 *Ibidem*, p. 2.

por esse meio de comunicação. De certa maneira, são as alterações qualitativas da música que servirão para mostrar

> os traços decisivos do rádio como um fenômeno social mais claramente que outras formas de transmissão radiofônica. O fato que a música não tem "conteúdo" no sentido comum é uma das razões pelas quais os mecanismos sociais e técnicos do rádio são mais óbvios que naqueles domínios em que um conteúdo mais tangível, tal como a informação, é transmitida; ou naqueles em que as condições específicas do rádio não parecem desempenhar uma parte tão grande como na música, ou naqueles que se aproximam das condições da informação pela imprensa.[14]

Ora, isso requer o abandono de algumas questões correntes na literatura do rádio e evitar, desde o início, o conceito de que um dos principais propósitos do rádio é "educar o público" para uma melhor compreensão da música. Outro ponto a ser abandonado como ingênuo: considerar as "reações dos ouvintes" como a fonte absoluta da pesquisa. Embora a recepção do ouvinte seja uma parte importante da pesquisa, as suas reações não constituem um ponto de partida, e sim de chegada. Elas não podem ser interpretadas em termos de espontaneidade, liberdade e independência que "constituem a aparência de reação". Essa ilusão é alimentada pelo próprio mecanismo da propaganda moderna, que esconde o fato de a audiência ser a única *mercadoria* produzida e vendida pelo rádio aos anunciantes. Como diz Jenemann:

> Embora ainda hoje a maioria dos ouvintes suponha que o rádio é "grátis", as redes de emissoras realmente transformam os ouvintes em trabalhadores ao venderem os seus ouvidos aos anunciantes comerciais. O que é grátis, de fato, é o "tra-

14 *Ibidem*, p. 2.

> balho da atenção", tal como foi chamado por Jonathan Beller (embora no contexto dos estúdios de cinema), que os ouvintes fornecem graciosamente às redes.[15]

Ele inverte, daí em diante, a metodologia da pesquisa inventada pela equipe de Lazarsfeld, nos capítulos que compõem o memorando:

> Começando deste ponto, novos métodos adaptados às condições específicas dos fenômenos musicais e da psicologia da música terão que ser elaborados, concernentes ao mecanismo real atrás das preferências e aversões dos ouvintes e ao mecanismo de esconder tais influências na medida em que se tornaram mais fortes.[16]

Já começa a se delinear, nesse memorando, o tema principal de sua pesquisa sobre a música no rádio: a fisiognomia do rádio.

Esse tema foi desenvolvido, embora de forma incompleta, em *Current of music: elements of a radio theory*. A extrema originalidade de seus estudos sobre o rádio–que se distingue e se opõe à literatura usual dos *media studies* ou dos estudos sobre culturas populares—mostra que, de fato, aí se encontram as ideias seminais de sua teoria estética madura: "*Current of music* é uma crítica estética da música no rádio e, nessa medida, é, acima de tudo, uma estética."[17]

Por uma fisiognomia do rádio

Numa discussão com Lucien Goldmann sobre a sociologia da literatura, no Segundo Colóquio Internacional de Royaumont, em ja-

---

15 *Ibidem*, p. 5.

16 T. W. Adorno, "Music in radio", *op. cit.*, p. 5.

17 Robert Hullot-Kentor, "Second salvage: prolegomenon to a reconstruction of 'Current of music'", in *Things beyond resemblance: collected essays on Theodor W. Adorno*. Nova York: Columbia University Press, 2006, p. 118.

neiro de 1968, Adorno disse de modo taxativo: *o método é uma função do seu objeto*, e não o contrário; apenas o espírito positivista—a consciência de nosso tempo—nos convenceu que o método é quem valida a cientificidade do conhecimento sobre o objeto.[18] O primado do objeto nos obriga a descobrir as suas características imanentes ou estruturais, bem como a acompanhar bem de perto os seus movimentos históricos. Isso explica a sua urgência de inventar e desenvolver uma abordagem teórico/metodológica para o estudo do rádio em 1938, que denominou pela abstrusa expressão "descrição fisiognômica". Mas alterou substantivamente o sentido da expressão tal como foi cunhada por J. K. Lavater (1741–1801), eliminando o seu vínculo com o ocultismo e outras bobagens.

Ainda com poucas nuances, a fisiognomia é assim descrita no memorando "Music in radio":

> O termo "fisiognômica" e não "psicologia" é usado porque esta seção começa com a descrição das atitudes reais e eventos concretos entre o aparato do rádio e o ouvinte: na medida em que tais relações incluem tanto elementos objetivos quanto subjetivos, elas não podem ser descritas exclusivamente em termos da psicologia individual, mas devem ser tratadas como manifestações de uma estrutura social que podem ser a *condição* para os fatos psicológicos mas que não podem ser facilmente reduzidos à *psicologia*. Para expressar esta tentativa em termos metafóricos: o autor está interessado em descrever as "expressões faciais" do próprio aparato do rádio no seu papel junto à classe média ou à família burguesa; para mostrar o fenômeno que continuamente aparece e reaparece assim que um aparelho de rádio é ligado; o pró-

18 Theodor W. Adorno, "Sur la sociologie de la littérature", in *Lucien Goldmann et la sociologie de la littérature* (Bruxelles: Ed. de L' Université de Bruxelles, 1975), p. 33–50.

> prio comportamento do rádio e o comportamento regular das pessoas que a ele respondem.[19]

Não há dúvida de que o rádio, como meio de comunicação e informação, reproduz tecnicamente os sons em ondas hertzianas que alcançam o ouvinte pela via de um aparelho que converte essas ondas eletromagnéticas em ondas sonoras, com a vantagem de aumentar extraordinariamente a velocidade de transmissão do som, quase eliminando a diferença temporal entre a emissão e a recepção.

Em *Current of music*,[20] Adorno relata uma experiência interessante por meio da qual essa característica do rádio – *a coincidência temporal* – se torna evidente. Em Kronberg, onde se encontrava frequentemente com alguns amigos, teve a oportunidade de ouvir um rouxinol que cantava belissimamente no jardim. Esse rouxinol foi descoberto pela estação de rádio de Frankfurt; Adorno e os amigos se puseram a ouvir não só o canto do rouxinol na vizinhança como a ouvi-lo também pelo rádio, no mesmo momento. O resultado foi o seguinte: o canto transmitido ou reproduzido tecnicamente pelo rádio foi ouvido um pouco antes que o seu canto real, por causa da diferença de velocidade entre as ondas sonoras e as eletromagnéticas, produzindo a impressão enganosa de o canto real ser um eco do canto reproduzido pelo rádio!

A *ilusão da imediaticidade* ou *pseudoimediaticidade* foi, sem dúvida, causada por uma característica imanente do rádio: a coincidência/simultaneidade temporal. Se houve alguém na história que compreendeu a força da ilusão da imediaticidade causada pelo rádio ligada à coincidência temporal foi Orson Welles. Ele usou magistralmente essa característica do rádio na dramatização da peça *A guerra*

19 T. W. Adorno, "Music in radio", *op. cit.*, p. 16 ss. (grifos do autor).

20 Theodor W. Adorno, *Current of music: elements of a radio theory*. Frankfurt: Suhrkamp, 2006, p. 120.

dos mundos, fazendo milhões de ouvintes entrarem em pânico imediato diante de falsos boletins de notícias sobre uma invasão de marcianos, interrompendo bruscamente um também falso programa musical: a invasão estava acontecendo naquele momento! Para tanto, a dramatização ocorreu sem os breaks de anúncios comerciais durante a primeira parte da peça, com a finalidade de não quebrar a ilusão, ou seja, de levar os ouvintes a não perceberem que se tratava de uma peça ficcional. Essa mesma peça, num filme, num livro ou gravada num CD, não causaria a mesma ilusão porque a mediação técnica é objetivada e percebida pelo receptor. Por essa característica, é como se o aparato do rádio "evaporasse" a si mesmo como mediação. Seria apenas uma voz humana falando nos ouvidos do receptor, como diria Adorno.

Outra característica da tecnologia do rádio é a *ubiquidade* espacial, a sua capacidade de onipresença. As emissões radiofônicas podem ser captadas em muitos lugares ao mesmo tempo, praticamente abolindo as distâncias geográficas e atingindo milhões de ouvintes ao mesmo tempo. O que é que acontece quando a música é reproduzida tecnicamente pelo rádio?

Para Adorno, a música só existe quando é reproduzida (tocada) e, em cada reprodução, tem o seu *hic et nunc*:

> É verdade que não podemos dizer que na música o "original" é mais autêntico que a sua reprodução porque ela existe realmente apenas ao ser reproduzida. Toda partitura é, num certo sentido, apenas um sistema de prescrições para possível reprodução, e nada "em si mesma". [...] A autenticidade que Benjamin atribui às artes visuais em relação ao original deve ser atribuída à reprodução ao vivo na música. Essa reprodução ao vivo tem seu "aqui"—a sala de concerto ou a ópera—e o seu "agora"—o momento mesmo em que é executada.[21]

21 *Ibidem*, p. 140.

A reprodução tecnológica da música - mesmo sendo tocada ao vivo no rádio - sofre a intervenção da ubiquidade, ao perder o seu "aqui" e adquirir com isso uma espécie de neutralidade espacial. A sua reprodução pelo rádio parece produzir algo semelhante às inúmeras imagens de um corpo numa sala de espelhos, como se fossem meros fantasmas imateriais (*spooks*). Mas isto não é verdadeiro, diz Adorno. A música em si não é destituída de espaço, embora o *espaço musical* não seja o espaço empírico ou físico.

Muitas vezes, a música cria uma *perspectiva espacial* própria, geralmente com o uso de instrumentos como as trompas, os tambores, os triângulos e os pratos, para dar a sensação do longe e do próximo (por exemplo, em *Os pinheiros de Roma*, de Respighi, ouvimos a fanfarra do exército consular *avançando* pela Via Appia até a sua chegada triunfal no Capitólio). O espaço musicalmente construído não deixa de ser, diz Adorno, uma sublimação do espaço físico externo, como se este estivesse presente e atravessando a música, da mesma maneira que o social está presente e internalizado na construção do aparelho psíquico. Perder o seu "aqui" equivale a tornar não-aurática a sua reprodução - ou seja, ao ser reproduzida pela tecnologia do rádio, a ubiquidade retira a determinação espacial (*hic*) da música e cria a falsa sensação de que ela é destituída de espaço.

Mas há um efeito mais forte da ubiquidade do rádio sobre a produção musical: é a *padronização*. O rádio, pela sua própria natureza, é um veículo de comunicação de massas. Ele se dirige a incontáveis ouvintes de lugares diferentes que na verdade o mantém vivo no ar com os préstimos de seus ouvidos de forma que se dirige a um ouvinte médio, um ouvinte-padrão que representa abstratamente milhões de ouvintes.

Poderíamos entender, erroneamente, que a padronização deriva da padronização das programações das emissoras de rádio que, em princípio, podem ser alteradas pelos seus donos. Mas a padronização de que nos fala Adorno está vinculada à natureza do veículo e à sua ubiquidade–daí a hifenização *ubiquidade-padronização*. Pode ser que a programação das emissoras derive sua padronização dessa característica imanente e da presença dos monopólios no mercado musical.

Por causa da padronização, os ouvintes dela tentam escapar com *pseudoatividades*, que são tentativas malsucedidas de se tornarem os *sujeitos da audição* na relação com o rádio. No entanto, suas atividades são ilusoriamente livres quando mudam de estação, alteram o volume para mais alto ou mais baixo, ajustam a frequência da emissora, dão sugestões de mudanças por cartas às emissoras etc. A única atividade realmente livre do ouvinte é a de desligar o seu aparelho e sair do campo fenomenal criado pelo rádio. O ouvinte sente, de fato, um certo alívio ao desligar-se do comando sutil do rádio.

O fenômeno do rádio, que ocorre quando o ouvinte liga o seu aparelho e sintoniza uma estação, é, na realidade, um *campo fenomenal* no qual o emissor e o receptor não se dissociam. Esse campo desaparece apenas quando o ouvinte desliga o seu aparelho. O ouvinte é parte do aparato do rádio e se esse aparato precisa da padronização para atingir a maior massa possível de participantes no seu campo fenomenal, então a sua escuta também passa pelo processo de padronização.

Qual é o nível de *listening* condicionado pelo rádio? Qual é o tipo de ouvinte decorrente de sua ubiquidade-padronização? Qual é o tipo de música que mais se adapta a essa padronização da escuta?

Há vários níveis de *listening* de música pelo ouvinte, desde o nível zero até o mais alto. O *muzak* ou música funcional, praticamente anula a sua escuta–o *nonlistening*–pois é criada para servir de ambiente ou *background*, funcionando da mesma maneira que um condicionador de ar numa loja. É *música para não ser ouvida*, com a finalidade determinada de criar uma "atmosfera" agradável num lugar de trabalho, lazer ou de consumo. A música séria possui uma técnica de composição que exige alto grau de concentração do ouvinte; a música popular ou de entretenimento das massas, ao contrário, possui uma técnica de composição que determina um rebaixamento do nível do *listening* – a audição regredida – porque, sob os grilhões da indústria cultural da música e do rádio, ela já "nasce" padronizada, repetitiva e falsamente inovada.[22]

Como é que a música séria reproduzida pelo rádio é escutada pelo ouvinte? Uma *sinfonia de Beethoven no rádio* é igual à sua reprodução numa sala de concertos? "The radio symphony" responde a essas questões. O rádio, poder-se-ia pensar, não afeta a qualidade da composição sinfônica, porque ela foi criada muito antes do processo da industrialização da música. Mas ao ser reproduzida pela tecnologia do rádio, ela sofre transformações estruturais que acabam incidindo na escuta do ouvinte: uma *sinfonia de Beethoven no rádio* é um produto muito diferente da sinfonia de Beethoven; são ouvidos com atenção apenas alguns temas melódicos e detalhes expressivos mais sensoriais que não constituem, de forma alguma, o seu elemento principal.

A análise musicológica de Adorno sobre as sinfonias de Beethoven (sobretudo da *Quinta Sinfonia*) aponta para seus traços estruturais, que são perdidos na sua reprodução tecnológica pelo rádio, impedindo, de fato, que o ouvinte tenha uma verdadeira experiência estética de contato com elas: a *contração temporal*, a *absorção sinfônica*, a *totalidade orgânica*, o *caráter dramático* e a sua *função social*. Cada um desses elementos é apagado ou deteriorado na reprodução pelo rádio, de modo que a maior perda é a perda da estrutura sinfônica.

> Isso mostra a necessidade de se começar pela esfera da reprodução das obras musicais do que pela análise das reações dos ouvintes. A última supõe uma espécie de realismo ingênuo com respeito a noções como sinfonia ou "grande músi-

22 A esse respeito, no memorando de 1938, Adorno faz uma breve referência à teoria de Alfred Sohn-Rethel sobre a socialização dos sentidos, isto é, sobre a apropriação negativa dos sentidos do indivíduo pelo mecanismo da sociedade; o rádio representaria a conquista ou a captura dos ouvidos pela sociedade capitalista na forma do microfone, como um substituto redutor do sentido da audição. Por ela, Adorno pretendia desenvolver uma teoria da audição infantil ou regredida do ouvinte do rádio.

> ca" no ar. Se esta música é fundamentalmente diferente do que é suposto ser, as declarações dos ouvintes sobre as suas reações a ela devem ser avaliadas de acordo. Não há justificação para a aceitação não qualificada da palavra do ouvinte sobre seu súbito deleite com uma sinfonia de Beethoven, se essa sinfonia é mudada no próprio momento em que é difundida pelo rádio como algo muito próximo ao entretenimento. Além do mais, a análise invalida a ideia otimista de que o conhecimento da sinfonia no rádio deteriorada ou "dissolvida" pode ser um primeiro passo em direção à experiência musical verdadeira, consciente e adequada.[23]

Esse trecho resume a metodologia de Adorno: a investigação deve começar pela *esfera da reprodução tecnológica*, e não pelo ouvinte que ouve a sua réplica tecnológica. O contrário do que Lazarsfeld propunha, supondo que a escuta do ouvinte fosse o ponto de partida da pesquisa da música no rádio. Daí a importância de conhecer o funcionamento do aparato do rádio e, depois, a música por ele reproduzida - séria ou popular - e, por último, o ouvinte. A fisiognomia como método seria capaz de percorrer, a um só tempo, *todo o arco da investigação*: da produção musical à sua reprodução técnica e, destas, para o ouvinte. Mas, na verdade, tanto a produção musical assim como a recepção estariam ambas "contaminadas" ou dominadas pela reprodução tecnológica.

Continuando a sua descrição do fenômeno do rádio, Adorno descobre mais algumas características imanentes a ele: além da *simultaneidade temporal*, da *ubiquidade* e da *ubiquidade-padronização*, o *caráter de imagem do som do rádio* e a *escuta atomística*.

Os ouvintes daquela época não raro manifestavam uma certa insatisfação com o caráter "artificial" da música no rádio, que atribuíam à impossibilidade de ver os instrumentos e demais elementos de

---

23 Theodor W. Adorno, "The radio symphony", *op. cit.*, p. 135.

uma orquestra, mesmo quando os programas reproduziam músicas tocadas no estúdio ou nas salas de concerto. Essa demanda derivava do fato, analisado por Adorno, de não estarem ouvindo os sons "originais", e sim as suas "imagens sonoras".

A razão de ser dos ouvintes sentirem o caráter artificial da música do rádio, a despeito de estarem ouvindo música "ao vivo" e com sinais de barulhos (palmas e acessos de tosse, por exemplo) das salas de concerto, derivava de outra característica do rádio: o *hear-stripe*. Mesmo não sendo percebido conscientemente quando a música era transmitida diretamente da orquestra, esse ruído era inconscientemente captado como um fundo da música. Tal fundo era o próprio *som do mecanismo de reprodução* (percebido conscientemente apenas quando o ouvinte estivesse passando de uma estação para outra), derivado da passagem da corrente elétrica para a conversão dos sons originais e sua ampliação pelo rádio. Não era o ruído causado por interferências externas naturais, como as dos raios solares, ou outros aparelhos elétricos na frequência da estação etc.[24]

Comparando a reprodução tecnológica da música no rádio com a reprodução dos objetos em movimento pelo cinema, podemos esclarecer como se dá a produção da imagem sonora no rádio. O objeto em movimento é registrado em imagens (fotogramas) na película fotográfica quando é capturado por meio de uma câmara de alta resolução e velocidade. O movimento é convertido em uma série de fotogramas que, na verdade, o *espacializam* em imagens separadas e sem movimento. Quando a película é projetada numa tela de cinema, é produzida *a ilusão ou sensação ilusória do movimento*. O nosso cérebro bloqueia a percepção dessa espacialização por causa da velocida-

24 No tempo das ondas curtas, médias e longas, esse ruído do transmissor era bastante alto; hoje, o rádio trabalha com tecnologias capazes de reduzir os ruídos, melhorar a reprodução e a qualidade da escuta por meio da manipulação de efeitos acústicos.

de ou frequência das imagens por segundo. Em outras palavras, o objeto em movimento do cinema é uma ilusão criada tecnologicamente.

A música no rádio sofre transformação semelhante: ela é capturada pelos microfones e depois, projetada no *hear-stripe* como os fotogramas numa tela de cinema, reproduzindo artificialmente a sequência temporal dos sons e acordes. Daí a sensação do ouvinte de não estar ouvindo a música original, porque, de fato, está recebendo apenas a sua imagem ou réplica criada tecnologicamente. Ouvida pelos alto-falantes, após essa transformação em imagem sonora, a música perde a sua própria "realidade". A *perda da aura*, no sentido benjaminiano com respeito à reprodução técnica nas artes visuais, pode ser reduzida a essa *perda da realidade* da música reproduzida pelo rádio e à consequente quebra de seu "encanto".

> Na experiência cotidiana o termo "enlatado", aplicado ao rádio e à música do fonógrafo, expressa esse caráter de imagem. A diferença entre a imagem sonora e o som real pode ser adequadamente comparada com a diferença entre o alimento fresco e o alimento enlatado. O *hear-stripe*, finalmente, parece agir como o médium sobre o qual a imagem aparece. E em contraste com o "caráter natural" do *hear-stripe*, o caráter de imagem da música mantém-se vívido o tempo inteiro.[25]

A *escuta atomística*, já apontada extensivamente por Adorno em "The radio symphony" como o motivo pelo qual o ouvinte de rádio não consegue perceber a estrutura sinfônica ou sua totalidade orgânica, não é exclusividade do rádio, embora seja uma característica imanente a ele. O caráter de imagem do som do rádio – a artificialidade da voz do rádio – diminui não só os contrastes dinâmicos, mas também dificulta a percepção das diferenças entre os timbres por

25 Theodor W. Adorno, *Current of music*. p. 180.

excesso de reverberação do som, impedindo o ouvinte até de distinguir alguns sons de instrumentos. Contraditoriamente, essa perda do charme, riqueza e colorido de cada som que afeta a sua percepção da unidade da música força o ouvinte a devotar a sua atenção ou a se distrair com detalhes isolados. "Assim o *listening* se torna mais sensual a despeito da diminuição de suas qualidades sensuais. "[26] No entanto, essa mesma característica favorece a transmissão radiofônica do jazz:

> Essa pode ser a razão pela qual o jazz pareça ser particularmente apropriado para a transmissão pelo rádio. A arte de mudar um som instrumental por outro tem se desenvolvido a um nível recorde aqui. É com frequência muito difícil mesmo para um perito distinguir o som de certos tipos de trompete em surdina da clarineta ou do saxofone. O jazz, de certo modo, se parece com o rádio no sentido da "voz do rádio". Por conseguinte, ele é o que tem menos a perder na radiodifusão. É muito mais difícil se certificar que o jazz que se ouve num restaurante está sendo tocado por uma banda ou pelo rádio, do que se certificar sobre um conjunto de música de câmara. Tal observação não está confinada ao perito. Respondentes têm reportado essa observação em muitas entrevistas.[27]

Sugerimos, diz Adorno, que as qualidades em questão sejam chamadas de "qualidades culinárias": uma expressão para designar o que é apreciado e dá prazer sensual instantâneo e transitório ao ouvinte. Ele passa a ter desprazer com os elementos de tensão da música séria e a preferir sons suaves e ricos que abolem tudo de sua presença. Embora as dissonâncias e estímulos pareçam dar uma espécie de tensão na música popular – como no jazz – eles se tornam agradáveis

26 *Ibidem*, p. 186.

27 *Ibidem*, p. 185 (nota 1).

porque são comparáveis às tensões voluptuosas na esfera sexual: meros ingredientes apimentados da música.

Essas qualidades sensuais também ocorrem na música séria como elementos de um todo, e não entidades independentes. Mas, na música do rádio, elas estão se tornando cada vez mais importantes, atraindo a atenção do ouvinte para longe dos elementos estruturais da totalidade, de forma a dissociá-la em partes.

O desenvolvimento histórico da música durante o século XIX ajudou a acelerar essa mudança: em Wagner e Tchaikovsky, as mudanças dos elementos expressivos para qualidades culinárias quase se tornaram totalitárias – razão pela qual eles se tornaram extremamente populares, e suas músicas muito próximas às músicas populares da época. Os ouvintes de rádio, iniciados pelo rádio na audição de música séria, manifestavam maior interesse pelos *minus composers*, em busca de romance, excitação sensual e entretenimento. De uma pesquisa da década de 1940 sobre os ouvintes da rádio WNYC, dedicada à música séria, Suchman tirou a seguinte conclusão:

> Há poucas dúvidas sobre o rádio estar criando novos ouvintes. Mas não há razão para acreditar que as coisas vão bem. A evidência aponta para a construção de um pseudointeresse pela música no rádio. Sinais de uma verdadeira compreensão estão faltando. Familiaridade, sem compreensão, parece ser o resultado. A música é ouvida para o relaxamento romântico ou excitação, sem qualquer preocupação pelo desenvolvimento ou as relações da música. Em outras palavras, o rádio não faz o trabalho do educador, embora crie uma situação favorável aos seus esforços.[28]

28 E. A. Suchman, *op. cit.*, p. 179.

O rosto, a voz, a boca e os ouvidos do rádio

O rádio ligado aparece como uma voz humana para o ouvinte, e não como uma mediação tecnológica. Ao ouvir a música no fonógrafo, o receptor tem plena ciência da mediação – ela está congelada materialmente no disco gravado. Apenas o rádio cria a aparência de não ser uma mediação. Ele é uma voz que fala por uma boca – os alto-falantes – e tem, nos microfones do estúdio, os seus ouvidos. Se o rádio está personificado ou tem uma persona, sua influência sobre o ouvinte não pode ser subestimada. Tampouco pelo investigador, que deve criar um método adequado para a abordagem desse fenômeno peculiar. Não se trata apenas de estudar a psicologia do ouvinte do rádio, porque o fenômeno é mais complexo, compreendendo elementos objetivos – as características imanentes do rádio – e elementos subjetivos – a recepção condicionada do ouvinte dentro do campo fenomenal do rádio.

A fisiognomia do rádio exige, portanto, uma abordagem fenomenológica:

> Primeiro de tudo, nosso estudo se mantém tão próximo quanto possível do fenômeno e não de qualquer hipótese ou pré-julgamento sobre o fenômeno, entendido de modo grosseiro como a música emitida pelo alto-falante. Sem dúvida, nossas inferências algumas vezes tomam a forma de hipóteses, mas estamos tentando desenvolvê-las a partir da observação do próprio fenômeno e não as deduzir de algo acima. A questão de por que seguimos este método descritivo ou "fenomenológico" pode ser facilmente respondida. Estamos insistindo sobre o fenômeno porque ele é realmente o que determina a reação dos ouvintes, e é nossa aspiração máxima estudar o ouvinte.[29]

29 T. W. Adorno, *Current of music*, *op. cit.*, p. 107.

Se o fenômeno é subjetivo, como pretender alcançar os seus traços objetivos? É possível transcender a sua mera percepção sensorial imediata, ou seja, apanhar os seus elementos objetivos dentro do domínio do fenômeno tal como é subjetivamente percebido?

Diz Adorno que a sua distinção entre subjetivo e objetivo não implica em separação, mas apenas em uma distinção entre o que o fenômeno está apresentando e o que está "por trás" dessa aparência. O que é que está por trás da personificação do rádio, da ilusão da imediaticidade, da ilusão da atividade livre do ouvinte etc.?

> Um fisiognomista tenta estabelecer os traços típicos e expressões do rosto não por eles em si mesmos, mas para usá-los como indicações de processos ocultos por trás deles, assim como para indicações de um comportamento futuro a ser esperado com base em uma análise de sua expressão no presente.[30]

Assim, por trás da ilusão da imediaticidade, ele descobre o traço da coincidência temporal; por trás da pseudoatividade, a ubiquidade-padronização; por trás do caráter artificial do som do rádio, o *hear-stripe* e a produção das imagens sonoras etc. Chama a descoberta desses traços de "apercepção estrutural", que, embora oposta à percepção sensorial e imediata do fenômeno, tem nesta o seu ponto de partida.

As questões principais que o movem nessa busca por uma "apercepção" do rádio são as *transformações* que esse instrumento tecnológico impõe à música e, de quebra, ao ouvinte da música. Nada mais, nada menos. Eis aí o seu projeto de Princeton.

---

30 *Ibidem*, p. 112. Sem dúvida, está comparando a sua abordagem, com as devidas diferenças, àquela dos fisiognomistas antigos que queriam descobrir o caráter ou a personalidade por meio dos traços fisionômicos e expressões faciais de uma pessoa.

Tin Pan Alley: os editores da música popular nos Estados Unidos

Antes de tudo, é preciso esclarecer que o estudo empírico de Adorno e MacDougald - o "Plugging study"—foi realizado em plena era do rádio, do cinema falado, da música orquestral ou de dança tocada pelas *big bands* de Artie Shaw, Guy Lombardo, Paul Whiteman, Benny Goodman, Glenn Miller, Tommy Dorsey etc.

Desde o fim de 1890 até 1950, foi consolidado um sistema que unificava as grandes editoras de música impressa (*sheets*), compositores, letristas e *pluggers* para a produção, divulgação e distribuição da música popular norte-americana no país e no mundo. Esse sistema foi conhecido como *Tin Pan Alley* e só cedeu o seu lugar à indústria fonográfica a partir de meados de 1950.

A concentração das editoras surgiu em uma área de Nova York, no lado oeste da rua 28, entre a Broadway e a Sexta Avenida. Essa área foi alcunhada *Tin Pan Alley* pelo jornalista Monroe Rosenfeld para expressar a cacofonia de muitos pianos tocados com estridência nas casas editoras, tal como se centenas de panelas metálicas estivessem sendo batidas e vibrando ao mesmo tempo ("*tin*", para lata ou estanho; "*pan*", para panela; e "*alley*", para beco ou ruela). Nova York era, nessa época, o principal centro de publicação da música popular, não só pela alta concentração urbana de músicos de *vaudeville* e de cantores, mas também por ser um centro financeiro capaz de dar ímpeto e energia à indústria musical. O sistema iniciado em Nova York teve grande êxito comercial e se alastrou por vários centros urbanos, tais como Chicago, Filadélfia, Cleveland, Detroit, Boston e Baltimore, sempre com a denominação Tin Pan Alley.

As partituras vendidas pelos editores, de modo geral, eram músicas compradas dos compositores com percentual de vendas ou valor fechado (o que significava perder os direitos sobre a obra), dotadas de arranjos para piano e letra (*lyrics*). As capas dessas partituras eram elaboradas por designers, para se tornarem bem atrativas, com a combinação de uma fotografia do cantor e uma ilustração alusiva ao tema da música.

A pesquisa "Plugging study", dirigida por Adorno e empiricamente realizada por Duncan MacDougald Jr. propunha, desde o começo, uma abordagem crítica ao fenômeno da popularidade de uma canção:

> O objeto deste estudo é contribuir para a informação específica e coerente sobre o modo pelo qual a popularidade de uma canção de sucesso (*hit song*) é determinada pelas agências que controlam o negócio da música popular. O método para apurar esses fatores é o de traçar a vida de uma canção de sucesso desde a sua criação até a venda de uma cópia comercial para piano e mostrar os passos de sua história de vida, ou seja, as forças que entram em jogo com o propósito de impor a sua aceitação. Deve-se observar aqui que a tese desenvolvida no estudo, isto é, que a produção da maioria dos sucessos é grandemente predeterminada pela e dentro da indústria, está em contraste direto com a opinião geral de Tin Pan Alley, aferrada à ideologia segundo a qual o sucesso das canções representa a aceitação espontânea e livre do público, por causa do mérito inerente do número. Entretanto, ver-se-á nas páginas seguintes que, no caso da maioria dos sucessos, muitos fatores além do mérito real da canção são responsáveis por sua popularidade.[31]

Os resultados dessa pesquisa foram apresentados por Duncan MacDougald Jr. no artigo "The popular music industry", contido na primeira publicação do projeto de Princeton. Segundo o autor, Adorno ajudou na organização teórica da pesquisa de campo e na for-

31 T. W. Adorno e D. MacDougald Jr., *op. cit.*, p. 1.

mulação do relatório final.[32] A principal expressão que surge nesse estudo e que, por certo, já prefigura o conceito de *indústria cultural*, é aquela que caracteriza *Tin Pan Alley* como *indústria da música popular*: "É essencial, antes de tudo, explicar o que se entende pelo termo 'indústria'. O termo não é para ser tomado literalmente, mas metaforicamente. Qual é, afinal de contas, a base para se usá-lo?".[33]

Como metáfora, a expressão utilizada para a produção musical da época permitiria traçar analogias com o processo industrial e, sobretudo, com a divisão de trabalho e distribuição de seus produtos. Mas manteria algumas diferenças, e talvez em alguns aspectos, maior proximidade com a produção manufatureira que industrial. A pesquisa de campo poderia servir, então, a esse propósito.

O primeiro ponto de analogia com a indústria é que os chamados *production numbers* eram feitos diretamente para o consumo, ou seja, eram músicas feitas sob medida para o mercado. Escrever uma música—confessavam quase todos os compositores—equivalia a tentar escrever uma *música de sucesso*, isto é, escrever uma *música vendável*. No entanto, não havia um processo industrial estrito senso, no qual a produção em massa e o uso de máquinas estivessem necessariamente envolvidos.[34]

O segundo ponto: havia uma divisão de trabalho na composição de uma música; praticamente, a música popular tinha ao menos dois escritores: o compositor e o letrista. Além disso, a composição passava, frequentemente, por outras pessoas, como o inventor do título ou ideia da letra, o harmonizador ou arranjador e até quem escrevia a partitura. A razão apontada na época era a deficiência ou ignorância dos músicos amadores que tinham uma ideia musical, mas eram incapazes de escrevê-la ou dramatizá-la. No entanto, segundo especia-

32 D. MacDougald Jr., *op. cit.*, p. 65, nota 1.

33 *Ibidem*, p. 66.

34 *Ibidem*, p. 66.

listas musicais, não se tratava de ignorância dos compositores, mas de uma "tradição da Broadway": muitos compositores provavelmente eram capazes de fazer a partitura, o arranjo e tudo o que fosse necessário para escrever uma música, embora não o fizessem por causa da maneira pela qual a indústria estava organizada.

No entanto, a divisão de trabalho, por si só, não constituía um processo industrial e foi um método familiar de produção na era manufatureira; tampouco se pode afirmar que *Tin Pan Alley* tivesse uma divisão de trabalho bem planejada e sistemática para facilitar o processo, reduzir os seus custos e operar com o máximo de capacidade.[35]

O terceiro ponto é o que mais aproximava a produção musical da industrial: *os métodos de distribuição* no negócio da música popular eram emprestados daqueles usados por qualquer indústria produzindo mercadorias que não atendiam estritamente às necessidades da vida. Esse processo era planejado, passo a passo, por um verdadeiro sistema para impor o material sobre o consumidor.[36]

Plugging, *pluggers* e o rádio

O negócio da música popular, se não podia ser rigorosamente tratado como indústria, seguia planos para a popularização das canções editadas. Como garantir o sucesso de uma música e evitar o seu fracasso? Nada poderia ser deixado ao acaso e por conta da vontade espontânea do consumidor. Os grandes editores dominavam o mercado musical, e muito dinheiro estava envolvido na produção e na reprodução mecânica por *sheets* de uma canção, sendo que o custo estimado para se produzir um sucesso era de 5 a 15 mil dólares.

35 *Ibidem*, p. 67.

36 *Ibidem*, p. 68.

Entre os sessenta editores da época, apenas quinze concentravam uns 90% de músicas populares que alcançavam o topo das listas das emissoras de rádio. Publicavam cerca de 2 mil músicas por ano, das quais cerca de 350 a quatrocentas eram beneficiadas pela chamada *radio exploitation*.

As músicas eram submetidas a um editor (que, em geral, não tinha treinamento musical algum) mediante uma audição programada por dois de seus gerentes comerciais, um profissional e um geral. O editor tinha de julgar as músicas por certos padrões fixos para tentar estimar o material em termos de seu "potencial de sucesso": 1. A linha melódica deveria ser simples e fácil de cantar e tocar; 2. A letra deveria ser romântica, original e/ou contar uma história atraente; 3. A melodia do *chorus* deveria ter 32 compassos. Embora os editores buscassem avidamente por uma letra "original", eram muito céticos a respeito de qualquer apresentação melódica original, e apenas as músicas de grandes e reconhecidos compositores não precisavam estar de acordo com essa padronização.[37]

Ao aceitar uma música nova, o editor estava influenciado, consciente ou inconscientemente, por alguns fatores: 1. O sucesso notável de certo tipo de canção no passado; 2. A reputação e os sucessos passados do compositor; 3. A adaptabilidade de certas canções ao estilo de execução de alguma orquestra e vocalista.

Era frequente a objeção para não publicarem uma canção, dizendo: "Não é comercial". Se uma canção fosse bem escrita, com uma qualidade poética ou literária, seria recusada com base no seguinte juízo: "É uma boa canção, mas não é comercial". As poucas exceções eram com as músicas compostas, dotadas de algum grau de sofisticação, por Cole Porter, Rodgers e Hart, Harbach, Hammerstein e Jerome Kern. Quando tinham dúvidas, consultavam diretores de orquestras ou outros executantes de orquestra. Era comum devol-

37 *Ibidem*, p. 81.

verem canções aos compositores dizendo "Aqui está sua música de volta. Lombardo não gosta dela".

As orquestras eram independentes das editoras e tinham seus próprios produtores, responsáveis pela colocação comercial das mesmas em salões de baile e eventualmente, celebrar contratos com as editoras de sua preferência. A orquestra de Guy Lombardo, por exemplo, tinha contrato com a editora MCA de Jules Stein, considerada muito comercial; as orquestras mais musicais preferiam as editoras Rockwell-O'Keefe, Joe Glaser, Irving Mills e outras.

Todo dono de orquestra desejava ser considerado o introdutor de canções de sucessos e induzir o público a vê-lo como um notável fazedor de *hits*. Costumava exigir que sua fotografia aparecesse nas capas das partituras com a etiqueta "introduzido e produzido por...", de modo que sua imagem ficasse conectada com a popularidade das músicas, aumentando a publicidade da orquestra e do vocalista. Além disso, relutava em aceitar uma música nos seus catálogos se não fossem prometidos a sua gravação em disco e um *plugging* intensivo pelo rádio.

Quanto aos vocalistas, a sua seleção das músicas privilegiava as melodias como fator mais importante; em caso negativo, rejeitavam as canções de difícil execução vocal. As letras recebiam mais consideração dos vocalistas que das orquestras, por contribuírem com mais elementos subjetivos e pessoais para marcar as suas características ou perfil junto ao público.

Os chamados *pluggers* eram homens ou mulheres contratados pelas editoras para colocar as músicas editadas no mercado; em primeiro lugar, buscando contatos com diretores de orquestras e vocalistas; e, segundo, com as emissoras de rádio, para que estas funcionassem como um verdadeiro rolo compressor no processo de divulgação e venda das músicas.

Os editores sabiam que a única forma de divulgar e vender uma música nova era a de fazê-la ser tocada repetidas vezes no rádio, para romper a resistência dos ouvintes. Era o *plugging* do rádio, que consistia em tocar a nova música de três a oito vezes por dia, durante um período de oito a dez semanas, nas grandes redes que transmitiam de costa a costa no país. Enquanto isso, o editor buscava saber a quantas andavam as vendas semanais da música e a formular planos para a *drive week.* Nessa semana, o plugging do rádio era intensivo para que a música fosse tocada "até à morte". Se não alcançasse sucesso durante essa semana, era tocada com um *plugging* mais leve em duas ou três semanas de *follow up*, até que saísse definitivamente do ar como um *dog*.

A vida média de uma música popular era de doze semanas; as rítmicas gozavam popularidade de seis a oito semanas; as valsas e baladas, de dez a vinte semanas. Antes do rádio, as músicas consideradas "boas de venda" tinham vida mais longa, pois seus *sheets* eram vendidos durante oito meses. Na era do rádio, paradoxalmente, as vendas não ultrapassavam quatro meses. Essa vida curta da música popular decorreu das mudanças tecnológicas que substituíram os *entertainers* do *vaudeville*, os cantores e bandas que viajavam pelo país muito antes que as músicas alcançassem sucesso comercial.

> Embora o período de popularidade de uma canção tenha sido materialmente encurtado, a extensão–o número de ouvintes—de sua popularidade tem sido grandemente aumentada. Em termos absolutos, o número de pessoas que ouvem e podem se lembrar de uma canção por inteiro e a popularidade de um *hit* tem sido aumentados pelo *plugging* intensivo do rádio, enquanto que em termos relativos, o oposto é verdadeiro: seu ciclo vital é muito mais curto (três meses comparados com dezoito meses), as vendas das partituras diminuíram materialmente (50/75 mil comparadas com 500 mil) e o *hit* é provavelmente menos conhecido (como canção individual) que um *hit* pré-rádio.[38]

38 T. W. Adorno e D. MacDougald Jr., *op. cit.*, p. 6.

Outros fatores também entraram nessa modificação agenciada pelo rádio: a elevação dos preços das partituras, que custavam apenas dez a quinze *cents* nos tempos pré-rádio e que passaram a custar 35 *cents* na era do rádio; a concorrência de outros tipos de diversão, tais como filmes e automóveis, no lugar de pianos; o longo período de depressão econômica nos Estados Unidos, que impôs diminuição de despesas orçamentárias das famílias etc. Mas uma coisa era certa: a exploração intensa da música popular pelo rádio encurtava a sua vida.

Reprodução técnica versus produção musical

A reprodução técnica da música de um compositor pelas casas editoras–as cópias da música–aparentemente não influenciava a sua composição, uma vez que era externa e posterior a esta.

Para Adorno, a *técnica* se define em dois níveis: primeiro, enquanto qualquer coisa determinada intraesteticamente e, segundo, enquanto desenvolvimento exterior às obras de arte; no caso da música popular de *Tin Pan Alley*, entretanto, a técnica da sua composição estava *subordinada* aos interesses comerciais de sua reprodução técnica ou mecânica - que começava com a intervenção das editoras para a sua padronização - de forma que a sua reprodução não seria um desenvolvimento exterior à sua produção, mas uma determinação nela internalizada.

A padronização não obedecia a critérios estéticos, mas comerciais, para tentar impedir riscos ao investimento financeiro e maximizar as vendas das músicas editadas. As músicas selecionadas pelos editores eram as que tinham "potencial de sucesso" e passavam a circular como mercadorias que tinham no rádio a sua mais extraordinária alavanca de vendas. A publicidade da mercadoria "música" se faz tocando-a repetidas vezes para milhões de pessoas, sem necessidade de outros artifícios—o *plugging* ou *rotation* da música no rádio.[39]

Para MacDougald, os donos das grandes casas editoras, com "suas maquinações e intrigas", comandavam o negócio da música popular na produção, na promoção comercial das músicas editadas e na sua aceitação forçada com a ajuda da alta pressão do *plugging* radiofônico:

> O estudo de Duncan MacDougald intitulado "A indústria da música popular" em *Radio Research 1941* serviu para concretizar a tese de que o gosto musical era manipulado. Foi uma contribuição inicial para se ver que aquilo que parecia imediato era de fato mediado, pois que o estudo descreveu com detalhes como as canções de sucesso eram "feitas" naquela época. Com os métodos de alta pressão, propaganda, *plugging*, os mais importantes canais para a popularidade dos *hits*, as bandas musicais, eram postos a funcionar para que certas canções fossem tocadas do modo mais frequente possível, em especial pelo rádio, até que tivessem a chance de ser aceitas pelas massas através do mero poder da repetição constante. No entanto, mesmo nessa época, eu senti algumas dúvidas sobre a apresentação de MacDougald. Os fatos sobre os quais insistia pertencem pela sua própria estrutura a uma época anterior à técnica radiofônica centralizada e aos grandes monopólios nos meios de comunicação de massas.[40]

---

39 Na difusão radiofônica, um *spin* é unidade de medida para medir ou induzir a popularidade de uma música; *spins per week* é a sua *rotation*, que pode ser *alta* para as músicas novas, de vinte a cinquenta *spins*; *média*, de dez a 25 *spins*; ou leve, de cinco a quinze *spins*, quando se tornam mais conhecidas e "velhas".

40 Theodor W. Adorno, "Scientific experiences of a European scholar in America", in: *Critical models: interventions and catchwords*. Nova York: Columbia University Press, 1998, p. 229.

A pesquisa de MacDougald, no entanto, não estava explorando os mecanismos objetivos—as condições tecnológicas da reprodução—que comandavam e hoje mais que nunca, com a força dos grandes monopólios no setor musical, comandam a "popularização do popular". Já naquela época, Adorno apontava para essa direção, ao tentar descrever como a reprodução tecnológica do rádio e suas características imanentes funcionavam para determinar essa popularização. Embora Leppert (2002) afirme que a diferença entre os artigos de Adorno e MacDougald sobre a música popular resida no fato deste ser "mais empírico" e aquele "mais abstratamente teórico", mas ambos alcançando "idênticas conclusões",[41] nós não concordamos com essa avaliação. Há uma *diferença específica* notável entre ambos, se não deixarmos de lado a fisiognomia adorniana do rádio e a sua teoria social do ouvinte. MacDougald realizou a pesquisa de campo que forneceu a base tanto de seu artigo quanto o de Adorno; no entanto, a indústria da música popular tal como a retratou é datada: a produção musical de *Tin Pan Alley*. Pode-se dizer o mesmo de "On popular music"?

"On popular music": controvérsias

Há pelo menos dois pontos de grande controvérsia sobre o ensaio "On popular music": 1. Faltou a Adorno um estudo empírico do ouvinte de música popular do rádio; 2. Ele é baseado na produção musical característica de *Tin Pan Alley*, de 1938 a 1941, de modo que suas análises e críticas não podem ser universalizadas para o entendimento da música popular após esse período.

Sobre a primeira, Strinati (1995) diz que Adorno fez poucas tentativas para dar substância empírica às suas asserções críticas sobre a audição regredida do ouvinte de música popular, ou seja, não

41 Richard Leppert, "Commentary (Music and mass culture)", in Theodor W. Adorno, *Essays on music*. Los Angeles: University of California Press, 2002, p. 341.

se baseou em *ouvintes reais*, mas em um sujeito inferido e definido por sua teoria.[42] Por conseguinte, suas ideias são confirmadas por suas análises, pois não há meio pelo qual possam ser contraditadas pela evidência empírica. Como saber se a sua teoria do ouvinte é correta?

Quanto à segunda, Gendron (1986) critica a noção de estandardização como propriedade permanente da música popular, ou seja, ela não pode ser aplicada diacronicamente por implicar que os estilos de música popular nunca mudam. O erro de Adorno seria o de abordar a música popular do ponto de vista da música clássica ocidental, e não nos termos de suas próprias convenções: "A música clássica ocidental se centrava na melodia e na harmonia, enquanto que a música popular contemporânea se centra em timbre e conotação".[43] Assim, considerar que a estandardização de *Tin Pan Alley* continua a subsistir ou que a música popular nunca muda seria mero "essencialismo musical".

As músicas radiofonizadas na época, tocadas pelas *big bands* com o estilo sentimental de Guy Lombardo ou com o estilo jazzístico de Tommy Dorsey,

> Embora diferentes no som e no formato, funcionavam muito bem dentro do sistema de composição de canções de Tin Pan Alley, que dominou a música popular desde a virada do século. É bem sabido que a estrutura e o conteúdo musical das canções produzidas e divulgadas não sofreram alterações desde os vinte anos que antecederam a publicação de "On popular music". E que grande parte das canções era, de fato, composta com 32 compassos no formato AABA.

42 Dominic Strinati, *An introduction to theories of popular culture*. Nova York: Routledge, 1995, p. 74.

43 Bernard Gendron, "Theodor Adorno meets the Cadillacs", in Tania Modleski (org.), *Studies on entertainment: critical approaches to mass culture* Indianapolis: Indiana University Press, 1986, p. 31.

> A maioria dos compositores dessa época nunca se desviou dos paradigmas harmônicos em circulação, ou das fórmulas rítmicas *June-moon-spoon*, com as exceções notáveis das invenções harmônicas e letras inteligentes de Cole Porter, George Gershwin e Jerome Kern, embora suas criações não fossem suficientemente intrincadas e *avant-garde* para satisfazer Adorno.[44]

Vale a pena voltar a atenção, neste momento, às inquietações do próprio Adorno a respeito de sua investigação sobre a música popular no rádio. É sabido que ele não pôde dar continuidade ao seu trabalho, porque a Fundação Rockefeller interrompeu o financiamento da seção musical do projeto de Princeton: com sua postura excessivamente crítica, ele ameaçava *to rock the boat* os negócios bem-sucedidos dos donos das emissoras de rádio e dos patrocinadores das programações. Se tivesse completado o estudo, o ouvinte ou uma tipologia do ouvinte de rádio teria sido o seu foco principal, após as etapas já percorridas sobre a produção musical e a reprodução tecnológica da música no rádio. Disse, um ano antes de sua morte, que não foi bem-sucedido em apresentar uma sociologia e uma psicologia social, sistematicamente executadas, da música no rádio, de modo que sua investigação ficou irremediavelmente fragmentada.[45]

Admitiu, durante a exposição fenomenológica das categorias do rádio e suas implicações psicossociais (uma vez que o ouvinte fazia parte do campo fenomenal do rádio), que deveria ser feita uma pesquisa de ordem empírica para sua verificação:

> Os resultados de um estudo fisiognômico estão necessariamente sujeitos a verificações quantitativas. Essa verificação, entretanto, deve pressupor uma descrição fisiognômica tão

44 *Ibidem*, p. 23.

45 Robert Hullot-Kentor, *op. cit.*, p. 123.

> cuidadosa quanto possível. Nossa descrição pode revelar elementos inerentes ao fenômeno que um respondente sem treino dificilmente observaria, mesmo tendo experiência deles. Apenas se a nossa descrição puder, por assim dizer, "localizá-los" e ajudar a determinar porque as pessoas deles não tomam consciência, mesmo que tenham essas características "objetivas", estaremos aptos para desenvolver métodos de controle para verificá-las.[46]

De certa maneira, como ponto de partida de sua descrição fisiognômica, Adorno tomou a si próprio como *sujeito* e *objeto* da investigação. Afinal de contas, ele também era um ouvinte de música pelo rádio, e sua experiência, do ponto de vista fenomenológico, poderia ser considerada uma fonte de conhecimento objetivo do fenômeno subjetivo, e a sua descrição, exata. No entanto, não foi avesso a buscar a verificação de sua descrição em outros ouvintes. Mas não chegou lá por contingências várias, e não por se contentar com suas hipóteses teóricas.

O cerne da crítica de Gendron, que é constante na obra de outros autores, é o de que o modelo da análise adorniana - a estandardização industrial - o levou a exagerar a sua extensão e a não perceber os limites desse mesmo modelo. Dentro de um modelo industrial, há uma distinção entre o núcleo (*core*) e a periferia do produto; um mesmo núcleo de um artefato industrial pode sofrer variações periféricas para atingir distintos consumidores. No caso da fabricação em série de automóveis, por exemplo, um Cadillac Eldorado de 1956 era provido de um "rabo de peixe" para glamorizar o produto—a variação periférica—, mas o motor constituía o seu núcleo funcional. O que é característico de uma variação periférica é que ela pode ser substituída por outra, sem alteração básica do produto. Mas para o texto musical, diz Gendron, não há como fazer essa distinção,

46 T. W. Adorno, *Current of music*, *op. cit.*, p. 111.

porque não há uma função claramente definida que nos capacite a distinguir entre o núcleo (o esqueleto musical) e a variação periférica (embelezamentos musicais).

> Guiado por sua tese da estandardização industrial na música popular, Adorno não via diferenças significativas entre a música de "*swing*" e as baladas sentimentais dos fins dos anos 30, nenhum desenvolvimento significativo do "*hot jazz*" das pequenas bandas dos anos 20 ao "*cool jazz*" das grandes orquestras dos anos 30. Ele acreditava que realmente nada muda na música popular.[47]

Voltemos, novamente, a Adorno. Em primeiro lugar, a expressão "indústria musical" é metafórica. Adorno reconheceu, desde o início, as diferenças entre a produção industrial e a produção da música popular. Será que a estandardização que ele apontava na música popular era a mesma estandardização da produção industrial? E as pseudoindividuações musicais (tais como os *breaks*, o ritmo sincopado, as harmonias aparentemente dissonantes, as *blue notes*, as *dirty notes*, os improvisos que surgiam em arranjos jazzísticos etc.) poderiam ser entendidas do mesmo modo que as variações periféricas dos artefatos industriais?

Em segundo, se havia analogias fortes entre uma coisa e outra, as análises musicais de Adorno permitem acrescentar nuances diferentes à questão da música popular. Disse claramente em *Current of music* que o único modo de justificar e avaliar as canções de sucesso seria analisá-las na base de sua própria linguagem e regras de composição, sem importar critérios estranhos à sua esfera, ou seja, da música séria.[48] Exemplifica com a comparação de duas canções em voga nas emissoras da época – *The bells of San Rachel* e *Two in love* – do ponto

47 B. Gendron, "Theodor Adorno meets the Cadillacs", *op. cit.*, p. 23.

48 T. W. Adorno, *Current of music, op. cit.*, p. 479–496.

de vista de suas similaridades e diferenças estruturais. Dessa análise musical, resultou a avaliação da maior qualidade da primeira em relação à segunda, pois embora a estrutura inerente da melodia de *The bells of San Rachel* esteja associada com o badalar dos sinos, os sons destes não foram reproduzidos: o compositor transformou a *ideia* dos sinos em uma estrutura melódica por meio de uma escala incompleta (os sinos não tocam todos os tons da escala, mas apenas uma seleção repetida destes, que exclui o sétimo grau ou a sensível). A segunda, *Two in love*, imitou a antiga música *Deep purple*, peça instrumental para piano de qualidade notável, para adaptá-la ou normalizá-la às regras do jogo de uma música popular, subtraindo alguns elementos melódicos e harmônicos que caracterizaram essa mesma qualidade. Com esse recurso, ela apareceu como uma nova música no mercado, e não mera cópia segundo fórmula padronizada,

> Pois na música popular, o padrão estandardizado que é onipresente permite ao compositor a realização de suas intenções essenciais somente na forma dos desvios mais discretos, enquanto o compositor sério não está preso a qualquer padrão exterior à sua própria imaginação e pode, por conseguinte, fazer de suas intenções originais o principal evento.[49]

Na música popular–o grosso da produção–as variações de estilo, de ritmo e de harmonia obedecem a uma função, no âmbito da audição: manter a estrutura básica ou a repetição da fórmula musical *fora* da percepção imediata do ouvinte, fazendo com que o idêntico lhe pareça ser não idêntico ou novo. Se os estímulos musicais o afastam da percepção consciente da repetição e alimentam a ilusão de que está ouvindo algo novo, a estandardização e a força do *plugging*, por seu turno, cumprem outra função básica, mas no nível inconsciente de sua psicologia: a de ganhar o reconhecimento e a aceitação de algo

---

49 *Ibidem*, p. 482.

com "ar de família". Nesse sentido, ninguém estranha que as canções populares precisem, não por mero acaso, de refrãos em intervalos regulares para fazer o seu próprio *plugging*, à maneira de repetidas batidas em uma porta, forçando a entrada nos nossos ouvidos. *That's entertainment*!

Sobre o conceito adorniano de regressão da audição nos manuscritos de 1938[1]

Iray Carone

É sabido que a primeira vez em que Theodor W. Adorno teve contato direto com pesquisadores norte-americanos que estudavam o rádio nos Estados Unidos[2] foi no período de 1938 a 1941. No entanto, poucos sabem de detalhes de sua produção científica nesse período porque uma parte da documentação está ainda nos arquivos da Universidade de Columbia; outra, em publicações da década de 1940; e, por fim, algumas na circulação de livros e artigos da década de 1990 para cá.

Vamos abrir uma parte do legado adorniano desse período: os arquivos de microfichas e microfilmes guardados na Butler Library da Universidade de Columbia. Podemos encontrar nos manuscritos copiados os indícios de sua reflexão sobre a indústria cultural; no

1 Publicado originalmente na revista *Constelaciones – Revista de Teoria Crítica*, nº 6, dezembro de 2014, p. 259-288.

2 É o chamado *Princeton Radio Research Project*, dirigido por Paul Felix Lazarsfeld e financiado pela Fundação Rockefeller; embora leve o nome da Universidade de Princeton, a verba da Fundação foi deslocada para a Universidade de New Jersey, onde Lazarsfeld trabalhava, e, depois, para o *Bureau of Applied Social Research* (BASR) da Universidade de Columbia em Nova York. Theodor W. Adorno foi convidado por Lazarsfeld para ser o diretor da seção musical do projeto de Princeton, e sua participação como pesquisador ocorreu no período de 1938 a 1941, ainda em New Jersey.

caso, sobre a nascente indústria cultural da música, antes mesmo de o conceito crítico ser apresentado em sua obra em parceria com Max Horkheimer, a *Dialética do esclarecimento*.

Nesses escritos estão, sem dúvida, as sementes do clássico "On popular music" (1941)[3] e do livro, publicado postumamente em 2006, *Current of music: elements of a radio theory*.[4] Indiretamente, comparecem na *Dialética*,[5] publicada pela primeira vez em 1947.

Embora pareça ser algo apenas de interesse histórico, a abertura desses arquivos é reveladora para que o Adorno de ontem possa falar com o Adorno conhecido do seu público leitor, naquilo que suas perguntas, pesquisas e conceitos antecipam para os *critical media studies* do mundo de hoje. Sim, porque há uma espécie de revelação em tudo isso: como o sociólogo Adorno investigou a ação de um meio de reprodução técnica como o rádio, não apenas para desvendar os seus efeitos estéticos específicos na recepção, mas também as suas características tecnológicas que afetavam a produção de artefatos culturais da música popular e da música séria veiculada pelo rádio. Ele produziu ou deu, pelo menos, os elementos básicos para uma *teoria social do rádio*.

A partir daí, podemos levar adiante o seu modelo—estudar os outros meios de reprodução técnica, os efeitos estéticos específicos sobre o receptor e as determinações da reprodução que estejam internalizadas na produção cultural. Ou seja, para constituir uma teoria crítica do cinema, uma teoria crítica do livro impresso e do livro no meio digital, uma teoria crítica da televisão etc. Alguns pesquisadores podem até ter iniciado esse trabalho e com a devida competência, mas uma imersão nos escritos de Adorno nos ajuda a ver mais de

3 Theodor W. Adorno, "On popular music", *Studies on Philosophy and Social Science*, v. 9, 1941, p.17-48.

4 Theodor W. Adorno, *Current of music: elements of a radio theory* .Frankfurt: Suhrkamp, 2006.

5 Max Horkheimer e Theodor W. Adorno, *Dialética do esclarecimento*. Rio de Janeiro: Zahar, 1985.

perto como ele pensou um objeto para o qual ainda não havia método ou modelo algum a seguir—o meio de reprodução tecnológica mais fantástico de sua época, operando com ondas comparáveis às da luz, ocupando espaços planetários, simultaneamente ubíquo, uma voz impossível de não ouvir, uma verdadeira catapulta da divulgação musical, um prodigioso narrador, capaz de levar multidões às ruas com suas dramatizações etc. Ah! O *senhor* rádio! Um objeto conhecido e tremendamente banal no âmbito doméstico, mas cujas propriedades imanentes e ação, quer sobre a produção cultural, quer sobre os receptores, permaneciam obscuras e veladas pelas suas aparências imediatas e triviais. Como a mercadoria para Marx—trivial na aparência e poderoso fetiche na essência! No caso de Adorno, a sua tentativa de descobrir os traços escondidos na caixa preta do rádio.

Recortando o manuscrito "Music in radio"[6]

Foi escrito em junho de 1938. É o planejamento de uma grande pesquisa, cujos resultados irão aparecer mais tarde, em *Current of music*, que permaneceu, todavia, um livro incompleto e fragmentado. Mas, sem dúvida, é o projeto de Princeton *de Adorno*, que não se coadunava, na maior parte do tempo, com o projeto da equipe de Paul Felix Lazarsfeld. A começar pelo começo: não tinha o receptor/ouvinte como fonte imediata de conhecimento a respeito do rádio e da música no rádio. Era preciso saber como se dava a produção musical nos Estados Unidos, em primeiro lugar. Depois, estudar os mecanismos da reprodução da música pela tecnologia do rádio e por último, embora sendo a finalidade precípua da pesquisa, a sua recepção pelo ouvinte – conhecer as mediações que "contaminavam" a audição, pois

6 Theodor W. Adorno, "Music in radio", in: *Lazarsfeld Collection*. Nova York: *Columbia University*, 1938, p. 151–156.

os dados fornecidos pelos ouvintes eram apenas e tão somente imediatos na aparência.

O memorando foi dirigido à equipe de Lazarsfeld, e este o respondeu nos espaços laterais de suas páginas, com críticas em inglês ou alemão; os memorandos eram formas de comunicação interna entre os membros do projeto e, ao que tudo indica, Adorno estava encadeando seus pontos de vista, argumentando e sugerindo o que deveria ser feito para que o projeto não ficasse atolado na busca dos dados imediatos, ou seja, ao *listening to the listener*. Se analisarmos bem, tratava-se, em última análise, de uma reviravolta no plano inicial do projeto de Princeton, para se compreender um efeito estético e paradoxal da transmissão radiofônica da música: o *non-listening listening* do ouvinte. Daí, então, que a pesquisa tinha de partir dos determinantes que produziam tal tipo de audição, que advinham da forma da produção musical do mercado em expansão das editoras de *Tin Pan Alley*[7] e de sua reprodução técnica pelas transmissões do rádio, o *plugging*[8] do rádio.

Isso significava, para Adorno, estabelecer as bases de uma teoria social do rádio como mediação para se compreender os dados aparentemente imediatos dos ouvintes. Para os positivistas de plantão,

---

7 *Tin Pan Alley* era uma área da cidade de Nova York onde estavam concentradas as casas das principais editoras musicais dessa época; era assim denominada por causa da cacofonia de sons de vários pianos executando as composições musicais em distintas editoras, escolhidas em função de seu potencial sucesso comercial. O sistema era conhecido pelos estilos e padrões das músicas editadas; a denominação TPA passou a servir para editoras de outras cidades americanas.

8 *Radio plugging* é uma expressão que significa "repetição" – as músicas são intensivamente tocadas durante semanas nas emissoras para sua divulgação, até alcançarem uma posição privilegiada junto ao público. O *radio plugging* é medido em *spins per week*: o número semanal de repetições da música no rádio para induzir a sua popularização. Hoje, o *plugging* é chamado de *rotation* do disco, com a mesma finalidade.

isso criaria um *viés teórico* para a análise dos dados, comprometendo a objetividade da pesquisa à teoria do pesquisador. Adorno, no entanto, respondeu, logo no início do memorando, a essa objeção: a pesquisa empírica nos moldes empiristas apenas supõe que ela não tem pressupostos prévios, pois a teoria e seus conceitos permanecem tácitos durante a pesquisa, num nível *pré-teórico*. Falar em "objetividade" da pesquisa empírica como algo isento de teorias, sobretudo em matérias sociais, é mera pretensão do investigador. Mas, por seu turno, a teoria se desenvolve como hipótese e sofre modificações ao longo da pesquisa empírica, ou seja, não é independente desta, pois há uma relação dialética e tensa entre uma coisa e outra.

O memorando tem três capítulos distintos: "Radio in music", "Music in radio", "Reception". Há um capítulo final do memorando – "Outlooks" – em que Adorno tenta ver qual poderá ser o futuro do rádio como um agente diferente do que tem sido, quase como um agente progressista, e não uma força poderosa de massificação da música e da regressão musical do ouvinte. Ao todo, são 161 páginas datilografadas em espaço simples.

O primeiro capítulo tem 35 itens ao longo de 44 páginas, e praticamente todos são importantes. O autor trata minuciosamente de cada um dos itens, mas enfatizaremos apenas alguns deles, que são constitutivos de sua teoria social do rádio. Os objetivos do projeto de música são *o quê* e o *como* da produção musical pelo rádio,[9] com sugestões metodológicas para a sua análise, já apontando para duas características tecnológicas que são próprias ao rádio: o *hear-stripe* e a ubiquidade. Ambas afetam a música: o *hear-stripe* – o ruído contínuo do rádio, advindo da corrente elétrica, não ouvido conscientemente, pois está *sob* a música, embora inconscientemente percebido pelo ouvinte – o qual transforma as ondas sonoras em imagens sonoras, e a ubiquidade, que produz a ilusão de que a música não tem dimensão

9 T. W. Adorno, "Music in radio", *op. cit.*, p. 18-19.

espacial. Do ponto de vista da recepção, o efeito maior é de ordem estética: a pseudoatividade do ouvinte e a regressão da audição, realizando tecnologicamente uma tendência histórica de deterioração musical, que vinha se pronunciando historicamente desde os tempos pré-rádio. Sem esquecer a dependência econômica direta do rádio, vinculado a monopólios e a serviço do *big business* do entretenimento, que se reflete tanto na seleção das músicas que irão ao ar, na seleção de artistas do entretenimento e nos tipos de programas. De qualquer maneira, o que transparece, logo de inicio, é que o ouvinte não tem consciência de tudo o que condiciona a sua percepção auditiva. Nem tampouco percebe que ele é parte da engrenagem poderosa do rádio e a faz funcionar: os índices ou pontos de audiência são a única mercadoria vendida aos patrocinadores comerciais de programas. Isso significa que o rádio, gratuito ao ser ouvido, faz uso comercial dos ouvidos do receptor ao vender os pontos de audiência.

Para dar conta de todos esses elementos, Adorno chamou a abordagem fenomênica de *radio physiognomics*.[10] A fisiognomia é um

10 Adorno define a fisiognomia do rádio da seguinte maneira: "o termo *physiognomics* e não "psicologia" é usado porque esta seção começa com a descrição das atitudes reais e eventos concretos entre o aparato do rádio e o ouvinte; na medida em que essas relações incluem elementos objetivos assim como subjetivos, elas não podem ser descritas exclusivamente em termos de psicologia individual, mas devem ser tratadas como manifestações de uma estrutura social que pode ser a *condição* para os fatos psicológicos que não poderiam ser facilmente reduzidos à psicologia. Para expressar metaforicamente esta tentativa, o autor está interessado em descrever as "expressões faciais" do próprio aparato do rádio no seu papel junto à classe média ou da família burguesa; para mostrar os fenômenos que continuamente aparecem e reaparecem assim que o aparelho do rádio é ligado, o próprio comportamento do aparato do rádio e o comportamento regular de pessoas que a ele respondem" (T. W. Adorno, "Music in radio, *op. cit.*, p. 16–17). A fisiognomia é uma parte de sua teoria social do rádio, como um método para se aproximar da interação entre rádio e ouvinte, no momento em que o rádio é ligado. Em *Current of music* (2006) Adorno utiliza a fisiognomia

método "descritivo" por meio da qual Adorno se aproxima da relação viva entre ouvinte e rádio como uma interação entre duas pessoas humanas, ou seja, dos fenômenos que sucedem quando o aparelho de rádio é ligado. Nessa interação, contudo, o ouvinte tem uma *pseudoatividade*:[11] ele deseja ser o sujeito da audição, mas não o é, pois a sua única atividade livre é a de desligar o aparelho e sair do campo fenomenal criado pelo rádio. Assim, mudar de estação, aumentar ou diminuir o volume, escrever cartas às emissoras, são tentativas malsucedidas de recuperar a sua liberdade nessa interação. Os ouvintes dizem, em tom de brincadeira, que a melhor coisa do rádio acontece quando ele é desligado.

Dentro dessa perspectiva teórica de Adorno, há um conceito que merece ser destacado dentre outros: a regressão da audição.[12]

para descobrir as "categorias do rádio" (simultaneidade temporal, ubiquidade, ubiquidade-padronização, caráter de imagem do som do rádio e escuta atomística) para saber de que maneira elas afetam o receptor quando o rádio é ligado (ver artigo "A face histórica de *On popular music*")

11 Este é um ponto controvertido: muitos estudiosos dos meios de comunicação não aceitam que o receptor seja tão passivo assim e que o "ouvinte" de Adorno seja apenas e tão somente uma inferência de sua teoria do rádio, pois não chegou ao ouvinte concreto. No entanto, não esqueçamos que ele também era um ouvinte de rádio, e não podemos desprezar a sua experiência, sob um ponto de vista fisiognômico. Não resta dúvida, entretanto, que a pesquisa de campo é relevante ao próprio projeto adorniano.

12 O conceito foi anteriormente apresentado em "O fetichismo na música e a regressão da audição", publicado na revista do instituto em 1938 (Theodor W. Adorno, "O fetichismo na música e a regressão da audição", em Max Horkheimer e Theodor W. Adorno, Textos escolhidos .São Paulo: Abril, 1991, Os pensadores, p. 79–106). Trata da audição moderna, que se caracteriza pela escuta atomística e desconcentrada do ouvinte, incapaz de apreciar músicas com mais complexidade na composição e mais sintonizado com aquelas padronizadas pela indústria do entretenimento. Nesse sentido, a padronização correrá por conta do domínio da forma-mercadoria que nivela por baixo os produtos musicais, para se tornarem mais comercializáveis.

Vejamos, então, como o conceito vai aparecendo e reaparecendo ao longo do manuscrito.

Regressão é uma expressão que surge no contexto de psicologias do desenvolvimento humano e da psicanálise, embora surja também em outros domínios.

Falar, entretanto, de regressão do *sentido da audição* ou de um dos nossos sentidos não deixa de ter uma especificidade. O que significa?

De início, Adorno enfatiza a *função psicológica*[13] dos padrões musicais de sua época:

> A tese geral sobre a regressão da audição é a seguinte: que para a maior parte das pessoas hoje a música exerce a função psicológica de torná-las infantis, especialmente por fazê-las regredir aos estágios mais antigos de seu desenvolvimento individual; em outras palavras, ela os fixa a um estado em que nunca crescerão realmente.[14]

---

13 A música ter uma *função psicológica*, e não estética, é algo para se pensar – ela funciona para despertar emoções, como chorar, produzir um *mood* sentimental, compensar emocionalmente a faina diária, relaxar o ouvinte e motivá-lo a dançar, levá-lo a se identificar com as letras musicais como se fossem cartas a ele dirigidas etc. (Esses efeitos emocionais da música não se confundem, entretanto, com a expressão das emoções em composições musicais, cujas diferenças serão tratadas no capítulo terceiro sobre a recepção, que apresentaremos na sequência.) Neste caso, a função psicológica se sobrepõe à função estética, pois a música funciona como uma diversão semelhante à outra qualquer. Não há dúvida que muitas músicas são criadas com essa finalidade: a de proporcionar entretenimento ao ouvinte, servir para a sua catarse emocional e até mesmo para liberar e/ou reprimir pulsões sexuais. Há até músicas – como o *muzak* – que são compostas para *não serem ouvidas*, ou seja, apenas para servirem de fundo musical de um ambiente, tornando-o agradável da mesma maneira que o ar condicionado da loja. Há músicas sérias que são rearranjadas para se tornarem palatáveis ao público, e suas partes mais melódicas dissociadas do todo, determinando uma escuta atomística e desconcentrada.

14 T. W. Adorno, "Music in radio", *op. cit.*, p. 13.

A deterioração musical, que vem de tempos anteriores ao rádio, nele encontra o mais potente executor dessa tendência, determinando um ouvinte "regredido" em matéria musical. Temos de distinguir, entretanto, a deterioração que decorre da própria história do desenvolvimento da música, daquela que é produzida pelo rádio. Ora, se o rádio é um agenciador da deterioração, então o resultado da música ouvida pelo rádio será... uma legião de ouvintes que está perdendo a capacidade de ouvir música séria *comme il faut* e sobretudo, a música séria moderna? O que um ouvinte regredido gosta de ouvir, se é que ouve? Em artigo escrito um pouco antes do projeto de Princeton, "O fetichismo na música e a regressão da audição" (1938), esta foi descrita como *atomística* e *desconcentrada*. Essas seriam suas características básicas, mas os manuscritos vão apontando para outras no seu percurso.

Por um lado, a primeira dificuldade do projeto adorniano estava em saber como a reprodução do rádio pode ser um dos *determinantes* da produção musical, se esta for anterior àquela: uma sinfonia de Beethoven foi composta muito antes de ser reproduzida pelo rádio, e não se entende como é que essa reprodução a afetará se ela já está composta na sua forma final, para condicionar uma escuta regredida. Haverá uma deterioração musical da sinfonia clássica no momento em que ela é tocada pelo rádio? Se um ouvinte só tem acesso à sinfonia clássica por meio do rádio, alcançará uma experiência estética relevante em termos musicais? Se sair assobiando um trecho melódico de uma sinfonia, terá alcançado a compreensão da estrutura sinfônica? Nesse caso, o problema mais importante a estudar é *se o rádio determina a deterioração da música séria*, ou seja, se o meio de reprodução técnica funciona ou não como um agente da deterioração musical e, por conseguinte, da regressão auditiva![15] Essa deterioração[16] da música pelo rádio transparece também na pretensão mistificadora de impor ao ouvinte o que Adorno chama de *raised entertainment*: a de popularizar a música séria e "elevar" o nível da música popular.[17] De qualquer maneira, o rádio não parece ser uma mediação *neutra* no processo da deterioração, pois contribui para que o ouvinte se afaste da arte musical enquanto se apresenta como um acesso democrático a ela, oferecendo produtos que são, na verdade, meros sucedâneos sem qualidade musical.

Por outro, a segunda dificuldade do projeto está em conhecer os padrões musicais na América anteriores ao rádio e se houve um rebaixamento da qualidade da produção musical por causa desse meio de comunicação de massas no novo mundo. Haverá necessidade, além disso, de comparar os padrões musicais da Alemanha, por exemplo, com os da América, ou a padronização atinge a todos os países, independentemente de diferenças históricas entre o velho e o novo mun-

15 Embora a deterioração musical da música séria agenciada pelo rádio apareça ainda como uma interrogação da pesquisa no memorando, ela se tornou objeto de um artigo da antologia de Lazarsfeld e Stanton (Theodor W. Adorno, "The radio symphony: an experiment in theory", em Paul F. Lazarsfeld e Frank N. Stanton, *Radio research 1941*; Nova York: Duell, Sloan and Pearce, 1941, p 110-131. Outro artigo de Adorno sobre o tema aparece no texto em que analisou um programa de música clássica da rede NBC, "Analytical study of the NBC Music Appreciation Hour" (*Musical Quarterly*, v. 78, n. 2, p. 326–377). Neste último, a regressão da audição é vista também pelo aspecto da "babiteria" do ouvinte (ver artigo "Adorno e a educação musical pelo rádio"). T. W. Adorno, "Music in radio", *op. cit.*, p. 29–30.

16 T. W. Adorno, "Music in radio", *op. cit.*, p. 29–30.

17 *Raised entertainment* é uma expressão usada por Adorno para se referir aos chamados "clássicos tão populares" ou músicas semiclássicas e às músicas populares com arranjos jazzísticos. Ele dedica uma boa parte do segundo capítulo do memorando a essa discussão: a música no rádio que pretende elevar o gosto das audiências. No final do memorando, Adorno propõe a total abolição do "entretenimento elevado" das programações radiofônicas.

do? Se há prevalência do jazz no rádio norte-americano e prevalência da música clássica na Alemanha, essa diferença não esconde algum ponto em comum, uma padronização geral ou a *unificação mundial de uma cultura administrada de massa* da qual ainda não temos plena consciência? Segundo Adorno, essa unificação é a razão pela qual a música na Europa é muito mais americanizada que a música "neste país" (EUA) é europeizada.[18]

Não se trata, entretanto, de *psicologizar* o conceito de "regressão da audição" quando Adorno se refere à função psicológica da música. Se fosse uma noção psicológica, corresponderia, por exemplo, a algum sintoma histérico? Longe disso! Na verdade, é um conceito estético que tem a ver com a experiência artística: a percepção auditiva foi afetada maciçamente para impedir que o ouvinte chegue a essa experiência, permanecendo preso a um estágio em que é incapaz de perceber estruturas melódicas mais complexas e apenas apreciar os atrativos sensoriais, os timbres sonoros e os coloridos musicais, de modo que o comportamento infantil retorna sob a pressão da música massificada. Os atrativos começam com as notações musicais simplificadas, que exigem o mínimo esforço do leitor das partituras: as melodias são limitadas a três acordes fundamentais que excluem qualquer progressão harmônica dotada de sentido, falsas duplicações de terças, progressões de quintas e oitavas, desenvolvimentos ilógicos de toda espécie etc.

Nesse sentido, a regressão da audição é um efeito estético indesejável para se alcançar a compreensão da música como arte, pois tanto a escuta atomística como a falta de concentração impedem a experiência de contato com ela. No entanto, a regressão da audição tem *elementos psicológicos* envolvidos, pois é um processo não consciente que ocorre com o ouvinte—ou seja, ele é inconsciente de que sua audição está sofrendo regressão e tampouco conhece o processo social e

18 T. W. Adorno, "Music in radio", *op. cit.*, p. 15.

histórico da deterioração musical a que está sujeito, como se estivesse narcotizado ou alcoolizado pelos estímulos musicais que recebe em grande quantidade. No caso do rádio, ele pode ter consciência daquilo que ouve, mas é inconsciente de *como* ouve, pois não tem percepção nem mesmo das transformações técnicas operadas pela engenharia de transmissão e controle do som, dos microfones, alto-falantes etc., que "adulteram" os sons dos instrumentos musicais, bem como da ubiquidade que suprime a determinação espacial da música.[19] Essa é uma razão para que a pesquisa não o tome como uma fonte inequívoca e imediata no estudo do rádio.

Se ele não tem consciência de como sua audição é afetada pela tecnologia do rádio, não está além de suas possibilidades, entretanto, reconhecer os fenômenos que ocorrem durante a transmissão radiofônica? Pergunta Adorno: a regressão será pré-consciente ou inconsciente? Se for o primeiro caso, é apenas falta de treino sobre o assunto. Se for o segundo, há repressão, no sentido freudiano. Adorno se inclina para a hipótese da repressão e suspeita de que o que está censurado e reprimido é: "quanto mais está sujeito à estandardização e à mecanização do instrumento, mais ele tenta escapar de se tornar consciente do fato que está sendo sujeitado a elas; inconscientemente, tenta manter a lenda de que é um consumidor livre de bens imediatos".[20] Em suma, que o ouvinte está privado de sua liberdade, é um sujeito heterônomo governado pelo instrumento que comanda o que e o como ouve.

Nesse ponto é que o caráter *infantil* da regressão da audição se torna mais compreensível–o ouvinte não tem uma audição "emancipada" da deterioração da música do rádio, pois os seus sentidos auditivos foram aprisionados pela estandardização e mecanização do ins-

---

19 *Ibidem*, p. 40.
20 *Ibidem*, p. 40.

trumento tecnológico.[21] A mecanização é um conjunto complexo que envolve a mediação de múltiplos dispositivos técnicos (microfones, gerador de oscilações, transmissores, moduladores, ampliadores, antenas etc.) para que a música, transformada em ondas eletromagnéticas, chegue aos ouvintes por um aparelho de rádio, que é, por sua vez, mais uma mediação técnica da audição. A estandardização ocorre, sobretudo porque o rádio é um meio de comunicação de massas e, como tal, capaz de promover uma espécie de homogeneização de seus ouvintes. Ligado aos monopólios do setor musical e do entretenimento, é um promotor de vendas de *cultural goods*, convertendo os ouvintes em consumidores da deterioração musical por ele agenciada. De qualquer maneira, o que se pode depreender das observações de Adorno é que a regressão não se dá apenas enquanto o ouvinte ouve o rádio: ela molda e tipifica a sua audição. É o que chamou de audição moderna.

Certamente, essas asserções são ainda teóricas e permanecem teóricas durante todo o manuscrito, mas são hipóteses que precisam ser confrontadas com o estudo empírico do receptor.

Embora Adorno seja assertivo, nunca deixa de se inquietar com a necessidade de ir até o receptor, por meio de entrevistas preliminares e em profundidade, questionários, métodos experimentais, análise de cartas dos ouvintes às emissoras, painéis de discussão etc.[22] As dificuldades para um exame empírico da regressão da audição são, sem dúvida, enormes, sobretudo se pensarmos em sua parte inconsciente; as estratégias procedimentais para se estudar esse tipo de recepção são ainda meras sugestões do autor, embora algumas já reali-

---

21 No capítulo III, (*Ibidem*, p. 126), Adorno fará referência à regressão da audição como *socialização dos ouvidos* pelos monopólios do setor musical e do entretenimento, com base numa teoria de Sohn-Rethel; a estandardização e a mecanização do rádio são, em última análise, um dos modos particularizados do mecanismo da sociedade tomar posse de nossos sentidos.

22 *Ibidem*, p. 23–28.

zadas de modo preliminar. Sua teoria tem uma lógica interna que lhe é própria, mas ela não é suficiente para um dialético que está atento às contradições entre o conceitual e o não conceitual (meios tecnológicos, produtos e receptores). Tampouco não é suficiente coletar e acumular dados empíricos, pois a inteligibilidade de suas contradições internas só poderá ser alcançada com a tensão provocada pelos conceitos teóricos.

A pergunta que passa a atravessar o desenvolvimento do texto, com respeito à regressão da audição, é sobre o que é uma *audição genuína* ou *adequada*. A de um perito musical? A de um bom ouvinte, na classificação adorniana dos tipos de escuta?[23]Por contraste à escuta regredida, ela não é uma forma de "apercepção intelectual" da música ou de escuta estrutural? Não é preciso ser um perito musical ou um musicólogo para que essa parte intelectual entre no jogo da percepção auditiva? Isso não implicará que a regressão da audição tenha como decorrência essencial a falta de capacitação do ouvinte para alcançar uma escuta estrutural da música? Se a escuta regredida é atomística–no sentido musical–ela não é, exatamente por esse motivo, não estrutural? Veremos, então, no prosseguimento do manuscrito, como é que tais perguntas foram respondidas ou permaneceram sem resposta.

Outra pergunta é aquela relativa ao significado e à história da *deterioração musical*, na perspectiva adorniana. Sem dúvida, parece

23 Num artigo publicado pela primeira vez em 1962, Adorno se refere a oito tipos de escuta musical, do qual se pode inferir que ouvintes com educação musical e conscientes das estruturas musicais de composições, assim como bons ouvintes sem treinamento musical específico, mas com capacidade para perceber tais estruturas, são os melhores ouvintes. Os outros tipos se assemelham, em vários pontos, ao que é referido no manuscrito sobre o ouvinte de rádio (Theodor W. Adorno, "Tipos de comportamento musical", em *Introdução à sociologia da música* .São Paulo: Editora da Unesp, 2011, p. 55–83).

estar sempre relacionada à decadência da música nos fins do século XIX, sobretudo por causa de modificações introduzidas pela sinfonia romântica pós-Beethoven. Embora seja assunto importantíssimo e constante em várias obras da teoria musical de Adorno, nós nos referiremos apenas às suas ocorrências neste manuscrito.

Importante observar o que Adorno entende por *música clássica*,[24] distinguindo-a de seu rótulo comercial–razão pela qual prefere a expressão *música séria* no lugar de *clássica*–, e também que, quando fala em decadência, deterioração, decomposição ou depravação musicais, não atribui um sentido moralista ao uso dessas expressões.

Não esqueçamos, além do mais, que o foco do manuscrito de 1938 está na deterioração musical determinada pelo médium tecnológico, que embora não seja um *produtor musical*, e sim um reprodutor, transforma o que por ele passa em seus produtos e de quebra, molda e tipifica a audição. Em tudo isso, entretanto, é um mecanismo mais amplo da sociedade mercantil que se materializa no processo da deterioração da música pelo rádio e da regressão da audição, mesmo quando o rádio se quer mostrar progressista e com tendências educacionais em matéria musical: trata-se do *background* econômico das companhias, especialmente das grandes corporações ou redes de comunicação e a relação entre essas companhias e os interesses comerciais dos anunciantes.[25]

Se o rádio depende do capital – e isso não é novidade alguma, embora ainda não se saiba muito sobre essa dependência – , é ele também quem reforça cada vez mais o caráter de mônada do indivíduo e a

---

24 Trata dessa denominação no capítulo II, em dois extensos itens (p. 53–62), para distinguir o que é próprio da música clássica e o que não é; focaliza as músicas de compositores como César Franck e Tchaikovsky, que são assim rotuladas comercialmente pela indústria do entretenimento, mas que não correspondem a um sentido técnico e musicalmente significativo de *música clássica*.

25 T. W. Adorno, "Music in radio", *op. cit.*, p. 6,7.

sua vulnerabilidade diante das grandes companhias, "mesmo se estas criam a ilusão do '*almighty customer*'".[26] No caso da música, um consumidor isolado no espaço privado e sem força real para contrariar a tendência padronizadora da música no rádio. É a falsa reconciliação entre ouvinte e rádio, o que significa que a relação entre deterioração musical e a regressão da audição não é de causa e efeito, pois economicamente uma funciona como *mediação recíproca* da outra: a música deteriorada é a que o ouvinte *gosta de ouvir* e as emissoras atendem ao que o público *quer ouvir*.

No segundo capítulo, a crítica de Adorno se volta para a música no rádio, com dezoito itens e cinquenta páginas. Agora, a regressão aparece nomeada como *infantile hearing*, e os *hits* se tornam o principal objeto de sua análise quantitativa e qualitativa. Como as bandas de jazz e os arranjos jazzísticos estavam se apresentando como a grande novidade do mundo musical nessa época - a era do rádio coincidiu com a era do jazz–boa parte do capítulo é uma elaboração da teoria adorniana do jazz, em continuidade aos estudos musicais que já havia começado a elaborar na Alemanha, sob o pseudônimo de Hector Rottweiler.

Neste capítulo, Adorno faz uma indicação precisa de uma pesquisa de campo sobre a música no rádio e os *hits*, que acabou sendo realizada por Duncan MacDougald Jr. sob a sua orientação, a partir de 1939, e reportada em um manuscrito—o "Plugging study".[27] Embora não publicado, boa parte dos resultados da pesquisa está presente em "The popular music industry" (1941), de MacDougald, e "On popular music" (1941), de Adorno. Não há dúvida que o projeto de Princeton de Adorno se ressentiu da falta de uma pesquisa de campo sobre o receptor, mas os relatórios do "Plugging study" atestam o quanto se acercou da produção musical da era do rádio nos Estados Unidos.

26 *Ibidem*, p. 35.

27 Theodor W. Adorno e Duncan MacDougald, "Plugging study", in: *Lazarsfeld Collection*. Nova York: Columbia University, 1941;

Dois tipos de reprodução técnica foram os marcos históricos desse momento: os *sheets* e o *plugging* do rádio; as fontes da pesquisa foram as editoras de Tin Pan Alley, as revistas especializadas, os donos de orquestras, os *crooners*, as lojas que vendiam os *sheets*—partituras musicais, com arranjos e letras—e, sobretudo os *pluggers*, os homens e mulheres contratados pelas editoras para fazer contatos com as orquestras, vocalistas e emissoras, a fim de colocar as músicas editadas no mercado. O pesquisador tentou, dessa maneira, reconstruir a história de canções de sucesso, ou melhor, investigar os bastidores da promoção de sucessos musicais, desde o momento em que o compositor entrava em uma casa editora até a sua música ser tocada intensivamente pelas emissoras e os *sheets* serem colocados à venda nas lojas. Às vezes, era o cinema falado de Hollywood quem produzia os sucessos musicais—as trilhas sonoras de filmes musicais—sem depender estritamente das estratégias promocionais das editoras, embora as partituras fossem essenciais para atingir o público-alvo que não apenas queria ouvir as músicas, mas também executá-las ao piano ou em outro instrumento, como o banjo. Havia um sistema organizado para fazer um sucesso, e esse sistema padronizava a música para ela se tornar um *hit* de vendas, dar lucros a todos os envolvidos e minimizar os riscos de perda de capital investido.

Porque o *plugging* do rádio era tão importante nesse sistema promocional, e qual o seu papel efetivo na regressão da audição do ouvinte? Novamente, a hipótese de Adorno sobre a regressão restou num nível teórico, sem um recurso procedimental para ser estudada empiricamente, mas era fácil perceber um processo de induzi-la tanto pela padronização da música pelas editoras quanto pela sua repetição programática no rádio.

A atenção da pesquisa, agora, está inteiramente voltada para os tipos de música reproduzida pelo rádio: os *hits*, a "música clássica" do rádio, a música de câmara, o *raised entertainment*, o jazz, a *folk music*, as transcrições e os arranjos musicais, as canções dos *good old days*, como a intenção primordial do segundo capítulo.

É bom observar que o sucesso do jazz se devia grandemente ao rádio, principalmente porque a qualidade de seu som instrumental era absolutamente compatível com o som produzido radiofonicamente. Mas outras razões advinham do fato de ser música dançante e rítmica para os salões de bailes e exibição de frenéticos dançarinos (*jitterbugs*), bem como de alguns músicos negros de jazz e *band leaders* brancos, que faziam arranjos jazzísticos, terem adentrado no sistema de *Tin Pan Alley*.[28] É sabido que muitos músicos negros, apesar de serem notáveis instrumentistas, demoraram a entrar no sistema de produção musical da época porque não sabiam nem ler nem escrever músicas, além de serem negros numa terra de hegemonia branca, com espaços a eles interditados, e do jazz ser desprezado como "música negra", antes que suas inovações fossem em parte absorvidas pelas grandes orquestras.

Voltando ao manuscrito de 1938, vejamos como o tema do capítulo II é apresentado por Adorno:

> O segundo capítulo persegue a tarefa de analisar fenômenos mais concretos da música no rádio em termos de qualidade musical, formas musicais e funções do meio musical de expressão. Uma vez que o rádio é considerado como a *reprodução* da música, o ponto de vista básico deste capítulo deve ser

28 Muitos especialistas e historiadores do jazz mostram que há inúmeras formas e estilos de jazz e que o jazz referido por Adorno era o jazz comercial — o *swing* da *swing golden age* dos anos 1930 e 1940, tocado pelas *big bands* de Jimmy Dorsey, Artie Shaw, Paul Whiteman, Benny Goodman, Glenn Miller etc., com ou sem a participação de virtuosos negros que, entretanto se limitavam a *riffs* padronizados. A época do *swing* foi precedida pelo jazz tradicional das pequenas bandas de New Orleans e sucedida por outras formas e estilos, contra a sua "distorção comercial" e a favor de uma espécie de volta às suas raízes tradicionais.

a *reprodução* através do rádio, em contraste com o primeiro capítulo que foi devotado à parte produtiva do rádio.[29]

A ênfase do primeiro capítulo recaiu sobre a reprodução radiofônica enquanto se tornava *sua* forma de produção determinante da regressão da audição do ouvinte; neste, é a música reproduzida pelo rádio em suas programações. No entanto, embora distintos na ênfase, os dois capítulos não separam rigidamente a reprodução da produção, pois na esfera do rádio ambas são idênticas no sentido social e também no seu sentido musical.[30] Pode-se observar que no segundo capítulo a regressão da audição não ocupa tanto espaço como no primeiro e que a deterioração musical agenciada pelo rádio seja mais concretamente examinada pelos tipos de músicas predominantes nas programações desse período. O que se pode dizer de tais músicas, de modo geral, é que no rádio elas são mercadorias, ou seja, que o fetichismo na música do rádio é, apenas e tão somente, a sua transformação em *commodities* por ele mediada: "a produção pelo rádio é diferente da produção industrial porque os artistas não são pagos pelos usuários (aquelas pessoas que recebem suas *commodities*), mas pelos publicitários que desejam estabelecer contato com essas pessoas por meio do rádio".[31] É fato reconhecido que muitos compositores, na busca de ganhar dinheiro para viver – mesmo os mais talentosos – se voltavam para a produção de comédias ligeiras e à música de jazz, embora conscientes da inferioridade dessa espécie de atividade, diz Adorno.

A regressão da audição, nomeada aqui de *infantile hearing*, retorna agora em relação à música de jazz, que parece ser mais moderna e elevada quanto à qualidade que as antigas canções de sucesso norte-americanas:

29 T. W. Adorno, "Music in radio", *op. cit.*, p. 45.

30 T. W. Adorno, "Music in radio", *op. cit.*, p. 45–46.

31 T. W. Adorno, "Music in radio", *op. cit.*, p. 45.

> Por um lado, a técnica do jazz é definitivamente mais sofisticada que a técnica de *hits* mais antigos, e sua função total em nossa vida social está mais próxima às ideias de liberdade erótica e satisfação real de desejos que as do antigo material sentimental. Por outro lado, o jazz claramente expõe traços infantis que são considerados ligados muito intimamente à audição moderna. Além disso, o jazz é muito mais estereotipado que os *hits* mais antigos que frequentemente mostram mais espontaneidade musical em sua estrutura e, dessa forma, demandam uma maior atividade do ouvinte. É tão errado chamar o jazz de decadente quanto de entretenimento elevado os *hits* antigos ou, então, se considerar o jazz como progressista e 'funcional' ou entretenimento elevado. A existência de ambos os grupos expressa uma contradição básica atravessando a estrutura da consciência musical presente, e isso explica porque os velhos tipos de entretenimento elevado, apesar de sua obsolescência óbvia, ainda sobrevivem.[32]

São as contradições entre o jazz e a música norte-americana antiga, em que ora aparece como música mais elevada que os velhos *hits* sentimentais, ora como decadente em relação a eles. No entanto, Adorno está mostrando também as contradições internas ao jazz: por um lado, dotado de técnicas modernas e sofisticadas; por outro, com traços infantis e musicalmente estereotipados. O mesmo se passa com relação às velhas canções: por um lado, sentimentais e obsoletas, contrárias às ideias de liberdade erótica e satisfação pulsional; por outro, mais elaboradas como composições e demandando mais concentração do ouvinte. Em ambos os casos, a audição se mantém infantilizada e o jazz não é melhor nem pior que as velhas canções americanas, embora se apresente como um tipo de música que altera "a estrutura da consciência musical presente"; não é musical e socialmente mais

32 T. W. Adorno, "Music in radio", *op. cit.*, p. 63-64.

avançado que elas, apesar de suas pretensões inovadoras, razão pela qual não conseguiu "aposentá-las" de vez.

Mais adiante, especifica o *infantile hearing* determinado pelo jazz:

> O *hit* se torna um sucesso e é lembrado por causa de sua repetição sem cessar. Um fenômeno equivalente dentro do próprio *hit* pode ser facilmente observado. Uma simples frase ou compasso é constantemente repetida dentro de sua estrutura e aparentemente isso é o que impressiona o ouvinte. Como resultado, o ouvinte não tem de se lembrar da superestrutura musical mais elaborada e mais altamente desenvolvida. Algumas vezes o caráter infantil deste artifício é muito aparente tal como a repetição da frase "Eu desejo ser feliz" em melodias do mesmo modo que uma criança repete um desejo sem estar consciente da condição real que torna esse desejo impossível de satisfazer. É possível, entretanto, que a constante negação deste desejo de satisfação leve ao mecanismo infantil dessa repetição incessante. No estilo "infantilizado" de certas obras de Stravinsky, muitas tendências similares podem ser encontradas, e é nesse período que sua produção é mais próxima da técnica do jazz.[33]

"Infantil" ou "audição infantil" são qualidades atribuíveis aqui por semelhança ao que é próprio da criança; é apenas num sentido figurado ou de forma adjetiva que a regressão da audição é *infantile hearing*. As repetições, perceptíveis ou não ao ouvinte, servem para sua escuta se fixar na própria repetição e, ao mesmo tempo, não ouvir de modo estrutural. Ou seja, essa é a escuta *atomística*:

> Isso nos leva a dizer que a estrutura do *hit* irá se decompondo, como se fosse em átomos, e realmente só esses átomos sejam lembrados pelo ouvinte. É nossa convicção (e espera-

33 *Ibidem*, p. 69–70.

> mos reafirmá-la nas outras seções do projeto) que a escuta do rádio como um todo tende a se tornar "atomística" no sentido que o ouvinte retém o motivo que é constantemente repetido. Um dos problemas mais importantes deste estudo é examinar essa escuta atomística dos *hits*.[34]

Sua hipótese é a de que a escuta atomística está fixada e confinada ao começo e ao fim do refrão[35] – o átomo favorito – , e não ao todo da música, embora seja possível argumentar que a seleção auditiva dos átomos favoritos dependa numa certa medida da estrutura e que é por causa desta que são apreciados e lembrados aqueles átomos que aparecem em certos pontos conspícuos da obra inteira. Ou seja, há muito a verificar com experimentos com os ouvintes, de modo a confirmar ou a enfraquecer a hipótese da escuta atomística dos hits. No entanto, está claro para Adorno que a escuta atomística não pode ser examinada apenas em termos estritamente musicais, pois a escuta determinada pelas propriedades do rádio é, tecnicamente falando, atomística.[36]

Essa escuta atomística, na verdade, é um ponto importante para se entender porque o rádio não pode servir para a educação musical do ouvinte, mesmo quando diz pretender a elevação do nível das audiências. Ao contrário, ele promove sua regressão de audição, cujos traços aparentes, apontados no manuscrito como hipóteses, são a falta

---

34 *Ibidem*, p. 70.

35 Músicos populares sabem que o refrão é parte essencial da composição, pois é ele que é lembrado pelo ouvinte e, de modo geral, é dele que deriva o título da canção. Seria uma espécie de *jingle* comercial da própria música.

36 A escuta atomística do ouvinte do rádio é esboçada no terceiro capítulo do memorando; ela aparece exposta em *Current of music* (*op. cit.*, p. 183 – 200) como uma categoria do rádio que afeta particularmente a escuta da música séria, pois decompõe a sua estrutura. Essa decomposição ou perda da estrutura é mostrada no artigo de Adorno sobre a sinfonia clássica no rádio ("On popular Music", *op. cit.*, p. 110–139).

de concentração, o caráter inconsciente, a de uma audição aprisionada pela mecanização e pela estandardização do rádio, a "infantilização" do ouvinte e a escuta atomística ou não estrutural da música; também é necessário enfatizar que Adorno supõe uma relação de mediação recíproca, e não de causa e efeito, entre a deterioração musical pelo rádio e a regressão da audição, na qual ocorreria uma falsa reconciliação a anular as contradições entre ambas.

Dialeticamente falando, porém, a regressão da audição não acabará por determinar um polo contraditório de *saturação* do ouvinte, que consciente ou inconscientemente, poderá tentar recuperar a liberdade destruída pela reprodução musical? É bem provável que as contradições tenham sido neutralizadas nesse processo por causa de um certo *prazer alienado* (*fun*) do ouvinte, que harmoniza a deterioração à regressão e esta, àquela.[37] Daí a crítica de Adorno ser absolutamente radical para retomar o movimento da negação, a provocar intenso desprazer e tendendo a ser rejeitada como exagerada e até violenta pelos comedores de lótus[38] em matérias musicais. Era essa a intenção de Adorno, que ainda soa implacável aos nossos ouvidos.

Vejamos, então, apenas alguns itens do capítulo nos quais Adorno mostra que a educação musical não se cumpre nos programas de "música clássica" e de "entretenimento elevado" (*raised entertainment*).

Antes, entretanto, é preciso entender que a música séria está governada pelo destino de um processo dinâmico de reproduções variadas, ou seja, "essas obras podem ser reproduzidas apenas dentro do quadro da estrutura histórica concreta de cada período nas quais têm sido apresentadas. Além do mais, isso significa que mesmo as assim

---

37 T. W. Adorno, "Music in radio", *op. cit.*, p. 48 – 50.

38 Os lotófagos ou comedores de lótus eram os marinheiros da Odisseia, que ao sofrerem o efeito narcótico da planta, se esqueceram de tudo e perderam a vontade de voltar para a pátria, se deleitando em um estado primitivo de regressão à fase da coleta dos frutos da terra e do mar (M. Horkheimer e T. W. Adorno, *op. cit.*, p. 67).

chamadas obras clássicas não são imortais no sentido de que o tempo não as tenha afetado".[39]

O rádio prova, diz Adorno, ser o executor do destino das músicas sérias em nosso tempo—a de ser *commodities* ou *cultural goods*—subordinando-as aos interesses comerciais dos monopólios capitalistas do setor musical e do entretenimento. Quais as transformações operadas na reprodução da música séria pelo rádio, sob esse governo? Ou então, com o aumento da massa de ouvintes regredidos, qual poderá ser o destino da música séria no momento atual?

No segundo capítulo do manuscrito de 1938, Adorno analisa criticamente o que seria a música rotulada pelas programações radiofônicas, de "música clássica".

> A tarefa presente do segundo capítulo pretende ser a aplicação desses *insights* teóricos ao rádio e sua subsequente verificação. Por exemplo, será necessário analisar o significado do conceito de "música clássica" no rádio. Será necessário determinar em que medida os ouvintes de rádio ainda apercebem a música clássica como uma força real, existente e importante ou em que medida ela joga apenas um papel de *cultural good*. Ela degenera ou em uma peça morta de museu sem nenhuma relação real com o ouvinte ou se torna mero entretenimento que, de fato, perdeu o caráter verdadeiro de seriedade que lhe é atribuído pelo termo "clássica". Esta investigação deve ser realizada em conexão íntima com a análise de programas.[40]

Observe que a expressão "música clássica" é utilizada no sentido mais estrito pelos músicos e no sentido mais amplo e fetichizado pelo rádio, e será uma questão interessante conhecer o sentido atribu-

39 T. W. Adorno, "Music in radio", *op. cit.*, p. 47.

40 *Ibidem*, p. 53.

ído a essa expressão pelos ouvintes de rádio. No sentido mais estrito, da formulação do conceito em termos mais exatamente técnicos,

> Teremos de defini-lo como o estilo de obra antifônica encontrado especialmente em Haydn, Mozart e Beethoven. Como um dos critérios principais de estilo musical clássico no sentido mais estrito, mencionamos aqui sua relação com a consciência do tempo. A obra antifônica almeja controlar o tempo num tal grau que mesmo intervalos comparativamente longos parecem estar integrados dentro de um intervalo muito curto. O primeiro movimento da *Quinta* de Beethoven ou talvez da *Sétima Sinfonia*, ou o primeiro movimento da *Apassionata*, se corretamente tocados, devem parecer durar apenas um segundo.[41]

Ora, se o rádio nomeia como músicas clássicas muitas composições que não possuem o estilo antifônico, então a expressão corresponde, de fato, a propriedades não musicais e fetichizadas que o projeto de Adorno tenta desvendar. Basicamente, a expressão é um rótulo comercial da indústria do entretenimento que inclui composições sem as qualidades essenciais das músicas verdadeiramente clássicas, ou seja, aquelas dos *minus composers*.

Se a música clássica se encontra descaracterizada pelo uso fetichista que se faz desta expressão no rádio, o mesmo acontece com a música séria moderna, quando um autor como Sibelius é tomado como um exemplo de músico moderno:

> Um dos modernos mais aceitos, embora famoso apenas na América e Inglaterra, é o compositor finlandês, Sibelius. Na opinião deste autor – e ele está preparado para uma análise técnica concreta – a obra de Sibelius não está apenas incrivelmente superestimada, mas fundamentalmente lhe faltam

41 *Ibidem*, p. 54.

> quaisquer boas qualidades. Seu princípio é a interconexão de trechos triviais de música tradicional num todo no qual falta qualquer lógica e continuidade, fundamentalmente incompreensível, e que é considerado como "profundo". Seria muito interessante mostrar: *primeiro*, em que medida Sibelius é tocado no rádio, e *segundo*, a quais influências sua popularidade é devida e se a atitude do público em relação a ele realmente está além do aplauso superficial que as suas obras recebem. Se o seu grande sucesso é realmente um fato, e não apenas uma espécie de popularidade manufaturada (que é ainda a opinião do autor), isso provavelmente indicaria um estado de consciência musical que dá motivo para uma preocupação mais grave que a falta de compreensão da grande música moderna ou a preferência pela música leve mais banal [...] Se a música de Sibelius é boa música, então todas as categorias pelas quais os padrões musicais podem ser avaliados – padrões que vão de um mestre como Bach até os compositores mais avançados como Schoenberg – devem ser completamente abolidos.[42]

Nas conversas de Adorno sobre Sibelius com amadores e pessoas com autoridade musical, na Inglaterra e na América, o único argumento utilizado a seu favor é o *efeito emocional* de sua música, que é, entretanto, em grande parte limitado à música na sua forma deteriorada ou à música de um tipo fundamentalmente sentimental.

O efeito emocional da música ou das reações emocionais a ela, no entanto, não é o mesmo que a expressão das emoções na música ou de seu conteúdo emocional, embora, em certos casos, possa existir uma certa relação entre as emoções expressas e os efeitos emocionais, como em Puccini e Tchaikovsky. Adorno remete esse assunto importante para o terceiro capítulo do manuscrito.[43]

---

42 *Ibidem*, p. 59–60.

43 *Ibidem*, p. 103–106.

É de se esperar que a terceira parte do manuscrito encontre ou crie procedimentos empíricos e experimentais para estudar a regressão auditiva do ouvinte de rádio, depois dos capítulos anteriores que são mais teóricos que empíricos (embora com alguma base empírica). Ou seja, como Adorno planejou ou delineou a pesquisa junto aos ouvintes concretos. Este foi o momento mais espinhoso de seu projeto.

> Esta seção diz respeito à recepção da música pelo ouvinte. Está baseada inteiramente nos resultados das duas primeiras seções. A recepção do ouvinte deve ser considerada o produto do modo pelo qual ele é tratado pelo aparato do rádio, pelos programas de rádio e pela sua influência definitivamente exercida pelos vários tipos de música do rádio. Sem dúvida, há também diferenças pessoais da parte dos ouvintes que podem influenciar a recepção pelo rádio.[44]

É interessante observar que a expressão "regressão da audição" praticamente desaparece no terceiro manuscrito, pois Adorno se interessou em saber o que os ouvintes poderiam manifestar na pesquisa de campo, de modo a estabelecer um vínculo entre o conceito teórico e a sua expressão empírica. Embora mostre que já havia feito entrevistas preliminares com os ouvintes, percebe-se que a grande dificuldade inerente às pesquisas qualitativas da recepção é a de saber, da boca dos ouvintes, como ouvem e a motivação de gostarem ou não do que ouvem.

> Devemos de novo enfatizar o fato que as entrevistas sobre música são muito mais difíceis que entrevistas sobre opiniões políticas ou o papel do comentador, por exemplo, porque a esfera inteira da música é muito menos consciente que aquelas outras esferas, e muito menos adaptada aos meios de expressão, porque é muito mais difícil para eles expressar em palavras suas experiências reais na música que em outros

44 *Ibidem*, p. 98.

> campos. Por essa razão, *métodos indiretos e métodos de interpretação dos resultados das entrevistas* devem ser usados.[45]

Os métodos indiretos não são comuns em entrevistas com ouvintes, a menos que sejam usados para induzir algum tipo de introspecção do entrevistado e contem com recursos psicanalíticos do entrevistador para a sua interpretação. De qualquer maneira, as entrevistas não podem ser pré-formatadas para um roteiro fixo com todos os entrevistados, e os resultados não podem ser generalizados *prima facie*. Nesse ponto, a proposta metodológica de Adorno, em função da natureza do objeto, é plenamente compatível com o conceito de regressão como um processo não consciente.

Outro ponto em que as entrevistas podem mostrar a regressão da audição está nos efeitos ou reações emocionais do ouvinte:

> É muito provável que um número de nossos respondentes seja incapaz de dar razões adequadas para gostar de uma coisa e não gostar de outra. Isso provavelmente provará ser verdadeiro especialmente porque a arte sob as categorias correntes do entretenimento é usualmente considerada puramente emocional e além da discussão racional. O termo "emocional" cobre, sem dúvida, muitas reações que poderiam ser mais extensamente consideradas. Sugerimos, na base de nossas entrevistas, que os métodos de introspecção psicológica provavelmente nos permitirão alcançar uma compreensão mais exata do que as pessoas entendem sobre o efeito emocional da música sobre elas.[46]

Em outros termos, não há uma "apercepção intelectual" da música por causa da prevalência do emocional sobre o racional e da função psicológica da música de entretenimento. A introspecção

45 *Ibidem*, p. 102.

46 *Ibidem*, p. 103.

induzida pelo método indireto da entrevista poderá permitir que o próprio ouvinte "entre em contato" com a motivação psicológica de seus *likes and dislikes.* Esse é o material empírico que interessa trazer à tona pelas entrevistas e remonta à hipótese teórica de que a regressão auditiva é não consciente e que determinados estímulos musicais são capazes de mobilizar conteúdos reprimidos que, por sua vez, só podem emergir com técnicas indiretas.

> Temos já conduzido várias entrevistas numa tentativa de comprovar nossas hipóteses teóricas numa certa medida. Essas entrevistas, que poderiam ser chamadas de "entrevistas qualitativas" ou mesmo de "análises qualitativas" não seguem nenhum delineamento rígido de entrevistas. Desde o começo, renunciamos à ideia de perguntar continuamente as mesmas questões com o propósito de generalização no sentido usual. Ao contrário, tentamos seguir a tendência de respostas de cada respondente e investigar o mecanismo de suas reações psicológicas por insistir em certas questões sobre o seu assunto favorito. Assim, ou os induzimos a uma espécie de introspecção que nos forneça material de um certo valor imediato de conhecimento, ou também um material muito mais rico para o propósito de interpretação.[47]

Esse material é, sem dúvida, de muito mais valor que aquele obtido por centenas de respostas reafirmando trivialidades tais como, por exemplo, que durante o período diurno uma grande porcentagem de ouvintes é de donas de casa. Nesse sentido, também será interessante entrevistar o ouvinte enquanto ele ouve a música no rádio, pois há um certo hiato entre a sua relação com a música que ouve pelo rádio e a consciência de suas reações emocionais.

47 *Ibidem*, p. 102–103.

Com relação às músicas que duram por um período mais longo, como as sinfonias, por exemplo, seria importante para o entrevistador perceber quanto tempo o ouvinte consegue manter-se inteiramente concentrado quando está cansado, quando começa a produzir vagas associações ao invés de seguir a própria música, quando começa a mostrar reações emocionais vinculadas à estrutura da própria música etc. Nesse caso, o método é mais experimental que empírico, e Adorno o considera ainda embrionário, pouco preciso e não introspectivo. Mas também se vincula à sua hipótese da regressão auditiva: a desconcentração e a distração do ouvinte de rádio são particularmente desastrosas para que este consiga alcançar uma escuta estrutural da música séria e apenas consiga ouvir pequenos pedaços da música séria, ou seja, de modo atomístico.

Por esse motivo, Adorno desenvolve uma parte bem extensa do manuscrito sobre a questão das reações emocionais do ouvinte e da base sexual de sua atitude emocional; no entanto, observa que elas não são independentes de estímulos musicais das redes de rádio, pois as emissoras reagem às suas reações emocionais, ou seja, às suas preferências e aversões, sobretudo por meio de fontes de informações como a correspondência dos ouvintes de rádio às estações (*fan mail*). Embora possam reconhecer o mau gosto das massas, os donos de emissoras e os programadores por eles contratados oferecem aos ouvintes as músicas que desejam ouvir, numa espécie de harmonia preestabelecida entre os interesses comerciais da difusão radiofônica e a baixa consciência musical dos ouvintes. Ou seja, é a relação de mediação recíproca entre a deterioração musical agenciada pelo rádio e a regressão da audição, uma dupla determinação. Essa relação dialética impede uma redução *psicologista* da regressão da audição: embora haja motivações psicológicas mais profundas das reações emocionais dos ouvintes, as determinações externas de ordem sociológica—os interesses do grande *business* da música—são imanentes ao processo da regressão. E também o contrário, na medida em que a deterioração musical pelo rádio é, em grande parte, uma reação às reações emocionais dos ouvintes.

A esse respeito, Adorno consultou Beville e La Prade, da *National Broadcasting Company*, para saber como as grandes redes captavam as informações sobre os ouvintes. A preocupação dos *broadcasters* é a de não perder as licenças concedidas para as emissoras, por insuficiência de audiência, e também garantir os patrocínios comerciais para a sustentação dos programas. Embora Beville tenha dito que o método utilizado pelas redes fosse um mistério para ele, La Prade informou sobre os vários métodos que são usados para determinar as reações dos ouvintes aos programas de rádio: informações de diretores de estações individuais, de preferência aquelas de diretores de grandes redes; críticas de rádios e colunas de rádio em jornais; verificação de aumento ou diminuição de vendas de um produto anunciado pelo rádio; experiência dos donos de emissoras; o controle de audiências. Tudo levaria a supor, diz Adorno, que o rádio se esforçaria em ter boas programações para manter suas licenças e prestar um serviço público de qualidade; mas é exatamente o contrário: La Prade admitiu que a chance de perder a licença era muito remota; a mera possibilidade de os ouvintes não gostarem dos programas era um meio de impedir que fossem "muito bons", no sentido que, se fossem muito *high-brow*, não teriam audiência...

> A preocupação com as licenças não significa simplesmente (como supúnhamos) que elas agem como um controle para impedir um rebaixamento de nível. O parágrafo na licença que define o rádio como serviço público é sempre interpretado pelos donos de emissoras para impedi-los de se emancipar do gosto pré-julgado do ouvinte, que eles consideram constante. E apenas admitem a possibilidade de uma mudança bastante cuidadosa e ligeira do gosto do ouvinte. A sua preocupação em conservar suas licenças não age como um estímulo, mas como uma influência *niveladora*. O conceito

> de nivelamento parece jogar um grande papel no campo da programação e resulta da concepção dos donos de emissoras sobre a consciência dos ouvintes.[48]

Do lado do ouvinte, o choro é uma reação emocional comum, mas há outras reações de base sexual que podem aparecer, embora haja poucas informações sobre as manifestações concretas de inibições e repressão sexuais na música e "em que sentido a música é uma espécie de substituto para uma real satisfação de pulsões sexuais".[49] Nesse caso, o mecanismo de substituição da satisfação pulsional, de modo paradoxal, dessexualiza os seus elementos sexuais.

Poder-se-ia pensar que apenas as músicas românticas causem reações emocionais dos ouvintes. A atitude emocional do ouvinte pode levá-lo a liberar seus sentimentos represados até diante de uma fuga de Bach, de modo que esse efeito é alheio à estrutura da obra e completamente irracional. No entanto, há estímulos musicais destinados a liberar emoções, à semelhança do álcool e dos narcóticos, diminuindo o controle consciente do ego e o desviando de seu ponto centralizador, permitindo que as tendências inconscientes do indivíduo se manifestem. É o caso das músicas que Adorno denomina *raised entertainment*, cujo ingrediente principal é a evocação de lembranças de coisas passadas da vida do ouvinte, mas num tempo abstrato, substituindo as suas experiências concretas, ou seja, levando-o ao esquecimento dessas experiências. Isso significa que a análise das emoções do ouvinte terá de ser dialética, pois há um mecanismo de substituição que inverte, pelo estímulo musical, tanto o conteúdo sexual quanto o evocativo. No entanto, resta a questão de saber se as reações emocionais à música significam *infantile hearing* ou se a escuta musical deve ser isenta de emoções para ser uma escuta adequada.

---

48 *Ibidem*, p. 111.

49 *Ibidem*, p. 104.

Está claro que, quando os efeitos emocionais se sobrepõem à compreensão estética da música e os mecanismos psicológicos mais profundos perturbam e até impedem a ação de mecanismos cognitivos (inclusive a consciência crítica musical) do sujeito, há regressão da audição: esta é dominada pela parte emocional do ouvinte, e a música cumpre uma função psicológica. Mas há músicas que não têm essa função e exigem alta concentração para a compreensão de sua estrutura, como a música séria moderna; neste caso, o sujeito com *infantile hearing* será indiferente ou mesmo hostil a ela. As emissoras de rádio favorecem, portanto, as suas preferências e evitam as suas aversões. Nesse particular, diz Adorno, os donos de emissoras e os programadores são tão anti-intelectualistas quanto os ouvintes, embora usem racionalizações para justificar que estão desse modo evitando a perda das licenças concedidas às estações.

Mesmo os programas de *raised entertainment*, que tinham a pretensão de popularizar os "clássicos" e elevar o nível das músicas populares através de arranjos mais sofisticados e modernos, na verdade apenas serviam à deterioração musical e para manter o ouvinte dentro dos limites da audição regredida. Diz, no capítulo final do manuscrito, que uma verdadeira elevação da programação musical é muito difícil de ser alcançada exatamente por causa desses programas, que tomam o lugar da música séria:

> Devemos lembrar a prevalência de *trademarked artists*, cuja fama não é de maneira alguma equivalente à sua qualidade. Se uma tentativa séria for feita para melhorar a qualidade de programas de rádio, essas pessoas deveriam ser necessariamente excluídas. Citamos os nomes de Rachmaninoff e Arthur Rubinstein como esses tipos de artistas. Eles deveriam ser excluídos não porque sejam "maus", o que a maioria dos críticos negaria enfaticamente, mas porque eles são basicamente opostos aos traços "racionais" e ao método não aurático de reprodução musical, que é a verdadeira essência

> do rádio. Por outro lado, o seu valor publicitário, não apenas para os donos de emissoras comerciais, mas para quaisquer redes e estações, é tão grande que qualquer tentativa de excluí-los está condenada ao fracasso desde o começo. Isto também se aplica a Tchaikovsky e Dvorák.[50]

Um outro traço da regressão da audição, a falta de concentração e a distração do ouvinte de rádio, poderia ser testado pela reação de esquecimento da música. Diz Adorno que obviamente a maioria das pessoas se lembra de músicas de tipo mais simples e não é capaz de se lembrar das mais complicadas, nem de formas inteiras, mesmo que as acompanhem de modo mais ativo e concentrado. Por causa disso, a análise do esquecimento não deve ser aplicada à música séria de qualquer tipo, mas às músicas dos programas de *raised entertainment* e música leve.

> De um lado, a música séria é incomparavelmente mais articulada que a música leve e é mais lógico esperar que ela seja mais facilmente lembrada. Por outro, o próprio caráter articulado a torna mais difícil de lembrar porque técnicas meramente mecânicas de composição, como as sequências rítmicas e as frases convencionais, são evitadas. Como resultado, a memória não funciona automaticamente na música séria. E o entretenimento leve, especialmente os *hits* mais antigos, são repetidos tão incomparavelmente a mais que a música séria que obtém melhores chances de ser lembrados.[51]

O jazz e a música leve de comédias têm a grande vantagem de ser frequentemente tocados pelo rádio, mas são tão padronizados, e uma peça é tão parecida com a outra, que serão esquecidos muito facilmente. É provável, então, que as músicas de entretenimento elevado

50 *Ibidem*, p 137.

51 *Ibidem*, p. 128.

possam ser conservadas na mente, reconhecidas e assobiadas por um período mais longo; pela sua vida mais curta, entretanto, os *hits* de jazz têm melhores chances; a música clássica, por sua vez, estará atrás de todas elas. Adorno sugere, para o teste da lembrança, que sejam usados diferentes tipos de música e diferentes classes de ouvintes; poderá acontecer que certos pequenos pedaços de música clássica, como os primeiros compassos da *Quinta Sinfonia* ou partes do segundo movimento da *Sétima* de Beethoven, estejam memorizados num mesmo nível de lembrança que aquele de *hits* de entretenimento elevado—os resultados desse estudo comparativo poderão ajudar na verificação de conceitos como o de deterioração musical.[52]

Embora tal verificação seja até fácil de realizar, o que interessa a Adorno é a verificação de uma de suas teses:

> Uma de nossas teses sobre a música leve sustenta que a única música que é hoje realmente familiar às pessoas é aquela mais alienada delas. Ela significa apenas uma *commodity* que lhes é imposta pela máquina da publicidade. Se isso é verdadeiro, deve ser expresso na própria estrutura da lembrança [...]. Talvez a tese possa ser assim colocada: o ouvinte se lembra apenas daquilo que se tornou fetiche (como a segunda melodia do primeiro movimento da *Sinfonia inacabada* de Schubert). Tudo o mais é esquecido. Ouvir a música pelo rádio é semelhante à informação. A escuta pelo rádio é para a escuta em um concerto como a leitura de um jornal para a leitura de um livro. O ouvinte de rádio está num estado de distração e essa atitude básica de *distração* deve ser estudada.[53]

Duas coisas estão expressas nos parágrafos: tanto o esquecimento quanto a lembrança da música estão determinados pelo rádio

52 *Ibidem*, p. 129.

53 *Ibidem*, p. 129–130.

enquanto máquina publicitária, de forma que a escuta do ouvinte de rádio não depende de escolhas espontâneas e livres. É basicamente uma escuta distraída e alienada: quando ele presta atenção em alguns momentos é porque foi levado a neles prestar atenção, como um leitor de jornal tem a atenção capturada pelas manchetes e a sua leitura do jornal se resume àquilo que as editorias escolheram como importante. Nesse sentido, a leitura de um livro é mais ativa e concentrada que a de um jornal.

> Os problemas de concentração e distração, de lembrar e esquecer são, numa grande extensão, uma qualificação do "como" do ponto de vista do ouvinte do que "o quê" do ponto de vista do ouvinte. Aqui o objetivo de nossa análise será encontrar informação mais concreta sobre o "como". Devemos saber como o ouvinte responde a este "como" [...]. O significado de uma sinfonia de Beethoven ouvida enquanto ele está andando ou repousando na cama provavelmente difere de seu efeito numa sala de concerto, onde as pessoas se sentam como em uma igreja. Ouvem a música no rádio enquanto estão sentadas, ficando de pé, andando ou repousando na cama? Eles a ouvem diante de refeições, durante as refeições ou após as refeições? Se a música está se tornando uma espécie de função diária, então certamente estará associada com as refeições [ ] uma espécie de produto "culinário".[54]

Está claro que o ouvinte tem uma escuta distraída e, ao mesmo tempo, passiva diante da música tocada no rádio, associando a ela conotações não musicais, como as de um produto culinário, de forma que há "uma total regressão de sua escuta a um estado de passividade sensual".[55]

---

54 *Ibidem*, p. 131–132.

55 *Ibidem*, p. 132.

Em suma, essas são algumas cogitações de Adorno para encontrar no ouvinte a expressão empírica da regressão da audição. São hipóteses teóricas que o guiam, assim como são, na maior parte das vezes, hipotéticas as suas sugestões metodológicas, embora algumas preliminarmente testadas na prática. Sabemos que um dos seus métodos foi o de estudar, analisar e interpretar as cartas de ouvintes dirigidas às estações. No entanto, antes de fazer algumas análises das correspondências, levantou algumas questões de ordem teórica:

> Em primeiro lugar, são os escritores de cartas representativos da maioria dos não escritores? Segundo, são eles neuróticos? Terceiro, tem a sua neurose um sentido social? Quarto, como essas cartas devem ser interpretadas se levarmos em consideração o elemento neurótico?[56]

Ora, quando Adorno chegou à América, pensou que a análise dessa correspondência seria um instrumento muito bom para a verificação da audiência, porque os correspondentes se expressariam com espontaneidade; logo se apercebeu que havia muitos ouvintes silenciosos, pertencentes ao estrato da pequena burguesia, que não gostam de falar ou escrever o que pensam. Além disso, a espontaneidade dos correspondentes seria questionável e aparentemente, um grande número de cartas seria provocado pelas próprias companhias de rádio.

Tendo lido correspondências na Alemanha, observou que a maior parte continha críticas fortemente negativas; na América, ao contrário, tinha um tom positivo do tipo *enthusiastic fan mail*.[57] No entanto, Adorno diz sustentar que tanto o fã entusiasmado quanto o resmungão diferem apenas na aparência, pois no fundo padecem de sintomas neuróticos: a raiva sem restrição dos resmungões isolados e o narcisismo entusiástico e desinibido dos outros. A neurose é uma

56 *Ibidem*, p. 112.

57 *Ibidem*, p. 112.

característica psicológica universal na sociedade em que vivemos; no entanto, os correspondentes parecem ter a particularidade de uma menor inibição para colocá-la para fora e a necessidade de projetá-la de alguma forma. De qualquer maneira, dada a dificuldade de uma análise sustentável das correspondências e de sua limitação àqueles que gostam de escrever para as estações, sejam eles representativos ou não, essa fonte de informações tem de ser usada apenas comparativamente com outras, como as entrevistas com ouvintes e outras sugeridas pelos estudiosos do rádio.[58]

Alguns comentários

Não temos dúvida em dizer que há uma prefiguração do conceito de indústria cultural neste manuscrito, embora o rádio seja apenas uma ramificação desse grande sistema dominante da cultura; além disso, o rádio não tem hoje a importância que teve na época em que Adorno o tomou como objeto de estudo. Não vivemos mais na era do rádio, muito menos na era do jazz. O cenário musical da América era outro; as tecnologias de reprodução musical também. Com tantas diferenças, haverá algum saldo para o nosso tempo? Nossa intenção foi a de descobrir o significado da audição regredida em Adorno e, em razão disso, expusemos parcialmente o projeto no qual ele mesmo tentou lhe dar uma configuração no plano empírico. Mais ainda, tentamos mostrar que a regressão da audição não é um conceito teórico de ordem psicológica. Se há uma relação dialética de mediação recíproca entre a regressão e a deterioração musical, neste particular, agenciada pelo rádio, então há determinações objetivas e societárias imanentes à regressão no plano psicológico. O fenômeno da regressão tem de ser analisado tanto por técnicas sociológicas quanto psicológicas e, sobretudo, mantendo a tensão dialética o tempo todo. Do lado

58 *Ibidem*, p. 114–115.

do pesquisador, a necessidade de inventar tanto umas quanto outras, pois o método adequado é criado em função da natureza do objeto.

A parte final do manuscrito—os "Outlooks"—, em que Adorno tenta pensar o rádio como um possível meio de ilustração do ouvinte, no que concerne à música, me parece utópica se levarmos em consideração que o rádio não tem liberdade para ser mais que um meio de entretenimento de massas sustentado pelo grande capital e a sua tecnologia ser usada para reproduzir os sons instrumentais em imagens sonoras. Com certeza, o rádio de hoje não se tornou melhor do que já foi, a despeito de alguns aperfeiçoamentos de ordem técnica nos efeitos sonoros e controle de ruídos da emissão.

É importante salientar que esse modelo poderá servir para o estudo de outras ramificações da indústria cultural, ou seja, de outros meios tecnológicos de reprodução criados pela revolução eletrônica em velocidade espantosa e cruzamentos inusitados com as tecnologias tradicionais, os objetos por eles produzidos e os receptores visados. Um exemplo simples, embora complexo para sua análise, diz respeito às modificações da leitura determinadas pelos livros na tela do computador. Neste, a imagem luminosa da tela se sobrepõe ao texto do livro, provocando a distração do leitor e um certo cansaço visual; o mesmo parece não acontecer com a edição impressa do mesmo texto, em que a materialidade física do livro, que apenas reflete uma fonte luminosa externa, como que "desaparece" durante a leitura, permitindo uma atenção maior ao texto, e não ao meio tecnológico.[59] Leitores se reportam a uma gradativa incapacidade para ler com atenção um livro inteiro por causa de hábitos adquiridos com a leitura distraída, rápida e cheia de *links* de textos no computador.

---

59 Luciana Dadico, "A 'fisiognomia' do livro no estudo psicológico da leitura", *Psicologia em Estudo*, v. 17, n. 4, 2012, p. 629–638 e Luciana Dadico, "Experiência de leitura e mediação tecnológica na era digital", *Linha Mestra*, v. 8, n. 24, 2014, p. 2085–2088.

Será uma regressão da leitura, equivalente à regressão auditiva que Adorno tentou configurar no manuscrito de 1938? Uma regressão que pode ser sinalizada pela quantidade de tempo que é gasta por dia na leitura em redes da internet, em contraste com o déficit de atenção, o pouco fôlego e a falta de disposição que restam ao leitor para enfrentar as obras de cultura que exijam mais concentração.

The radiophonic experiences of Walter Benjamin in the Weimar Republic (1929-1933)[1]

Abstract – Writings of Walter Benjamin for radio during the Weimar Republic (1929-1933) to children education were discovered in the 60's and reveal to us his Hörspielle, Hörsmodelle, Funkspiele, catastrophes narratives, infantile stories, etc. The author had no radio theory but was intending to give another function to radio as educator, in a Marxist sense, in order to explore its esthetical and political potentialities. We are comparing the Benjamin's view of the radio with the radio theory of Theodor W. Adorno, in the period that is remembered as the 'radio days'.In fact, the differences between Adorno and Benjamin are rather based in their different objects of analysis – the radio music (Adorno) and the oral narratives by means of the radio (Benjamin).Besides the radio experiments of Benjamin, his assertions about the cinema and photography are extremely important for esthetical evaluations of art and technology relationship.

Index Terms – Benjamin radio experiments to children education, music in radio, Theodor W. Adorno radio theory, cultural industry, art and technology relationship.

1 Publicado originalmente na revista *Ideação*. Universidade Estadual de Feira de Santana, Bahia, volume 1 ,n. 36, 2017, p.25-32. Tradução: Katalin Weiss.

Discoveries of Walter Benjamin's writings, published for the first time in Germany in 1985, under the title of Aufklärung fur Kinder,[1] broadcasted by some radio station of Berlin and Frankfurt during the Weimar Republic (1929-1933), has allowed learning about several modalities - Hörspiele, Hörsmodelle, Funkspiele, infantile stories, narratives of catastrophes, radiophonic conferences, etc. - that he used and/or invented to reach and to educate a young public, in the attempt to 're-function' the radio in the brechtian sense; in other words, to explore their aesthetic and political potentialities.

These typed writings that were kept in his apartment in Paris, were confiscated by the Germans during the occupation and they were in the Gestapo files. After the liberation, in February of 1945, the Gestapo dossiers had to be destroyed quickly, but the files of Benjamin were rescued, by chance, due to an action of sabotage by the editor of a German newspaper - *Pariser Tageszeitung* - whose copies were put in the same folder of the Benjamin files. Sent to Russia, they were repatriated by GDR in 1960, together with many other documents, museums and libraries, now a part of *Akademie der Künste*, in Berlin.

The children and youths never were priorities in the communications of the radio, given the difficulties of a technical medium without the support of visual images to transform them in captive listeners. But we should remember that the infantile stories were always written to be told by somebody, whose ability should stimulate the imagination to supply the lack of images and the mental concentration through a partially dramatized oral narrative. So much so, it is true that children like these stories to be told and told again several times, but not admitting that the storyteller alters them. They are, in this sense, better and more demanding listeners than the adults. If the oral narrative and the community of listeners link began to lose its place after the romance, could the radio not resuscitate one, as much as the other? This seems to have been the intention of Benjamin.

The radio builds, without a doubt, a world without images, and its voice is an artificial voice, because of the technical reproduction of the sound waves. Let us also remember that the radio, in the times of Benjamin, was a potent way without rival means to divide the receiving public's attention. The conquest of the omnipresence by the radio allowed its voice to be heard, in the same interval of time, by millions of listeners of different places - no technology until then had reached this fantastic power. Besides, the radio induces a strong sensation of reality because of the despicable difference between emission and reception - the temporary simultaneity - giving the impression that the announcer is speaking live, in real time, *about things happening*. A potential danger of the radio - the one of forming crowds - was demonstrated by the dramatization of the *War of the worlds* by Orson Welles, in *the Mercury Theatre* in 1938. The listeners changed, suddenly, from participating extras of a play without itinerary in the stage of the streets, facing a supposed invasion of Martians on the Earth.

His radiophonic 'walks' - emitted in a very distant time - maintain, however, a notable freshness for the reader today. In 1932, there was the diffusion of the most famous radiophonic play of Benjamin - *Radau um Kasperl*[2] - that tells the noisy confusions of the Punchinello Kasperl facing the microphone of the radio, as a type of presentation of the new media of communication to the small-listeners-. Kasperl had left house in the morning to buy fish in the market, but was confronted by a radio announcer. He says to him: *'What are those small cages that you have? Are they to trap mice*'? Answers the announcer: ' *They are the microphones, Punchinello. You will speak now in one of them*'. He asks again: *'What will happen then*? Answer: *'We will hear you in the whole world'*. However, the origin of the confusions is that Punchinello, saying three or four rude 'truths' against his friend Seppl before the microphone, they were heard everywhere. It provokes a tumult in the radio station, that it is forced to cut the transmission from the air. Fearing for the consequences, he begins to run to several attractive places of children (the fair, the circus, the zoo, etc), until returning very bruised to his house, without the fish ordered by the woman. This piece was especially written for the radio in the spirit of *Hörspiele*. The sonoplasty was produced for the children to guess the things and the places where the confusions of Kasperl would be happening.

The sound resonant files were almost all lost, remaining the texts dictated by Benjamin to a secretary, that he later corrected to attend the demands of the radiophonic transmission. His first experience of the radio was told in a small article under Detlef Hollz's pseudonym - *Auf die Minute*[3] - in which he tells the panic he suffered when making a mistake about the time he disposed to do his reading, confusing minutes with seconds. Like this, glancing at the seconds display of the studio, judged that he had only four minutes and began to cut large part of his text, going soon to the end. However, noticing that he made a mistake, removed the text that had already put in the pocket of his coat and carried on the reading.

He regretted his relative failure before the microphone for having left some minutes suspended, without reading, supposing that he had run out of available time. However, his friends, who had heard the transmission, confused that reading lapse with a technical defect of the radio apparel. Two things were learned through this experience: the time in the radio has to be absolutely controlled in minutes and seconds (as the space is controlled in the newspaper), otherwise there might be an intervention, cut by the station; the best way to represent an invisible and abstract audience, is not thinking that one is speaking to thousands or millions of listeners, but just one.

Another interesting point of the radiophonic inventions of Benjamin is the narratives of natural catastrophes and the histories of swindlers aiming at children.[4] The earthquake of Lisbon, Herculano's fall and Pompeia because of the eruption of the Mount Vesuvius, the tragedy provoked by the flood of the Mississipi river in 1927, the farces of Cagliostro, the behaviour of alcoholic drinks smugglers to dribble the Prohibition in the United States, the process against the witches, the gypsies' history, the history of the Bastille prison and of the 'iron mask', Caspar Hauser's history, the stories with base in the extraordinary jugglings of stage of Enrico Rastelli and to the double--dealings with philately, etc., They are told in sharp contrast of what has been said and repeated regarding those events and people. In this sense, they are aimed for adults also.

The question regarding these narratives of catastrophes is that they seem to be *terror stories* for children. The world vision that is offered them is not anything like '*la vie en rose* ', without a happy end to counterbalance the tragic sense. In the histories of double-dealings there is a touch of sympathy of Benjamin for the swindlers: it seems that, under cover, it is him who was having fun with the running abouts of their *down by law* characters' life.

For this reason, it is necessary to know the aesthetic and political potentialities of the means of technical reproduction for them to serve to the enlightening of the masses and not be subdued by the logic of the capitalist market. In the case of Benjamin, through his radiophonic experiments, for the *Aufklärung für Kinder.*

In the counterpoint to ideas of Benjamin about these potentialities, we have to consider the theory of the radio of Theodor W. Adorno,[5] developed during his participation in the so called *The Princeton Radio Research Project*, from 1938 to 1941. Actually, the point where the differences between Benjamin and Adorno stand out refer to the objects: the first is about the oral narrative of the radio and the second, about the music in the radio.

For Adorno, the technological characteristics in the radiophonic apparatus alter the quality of the music by it transmitted and they impede the aesthetic experience of contact, above all with the serious music. In this case, the noxious effects reflect on the listener of the radio, whose audition becomes inattentive, atomistic and regressed, in other words, unable of structural listening of serious music. In the case of the popular music, the *plugging* of the radio is a high pressure machine to create successes, so that it is completely inadequate to suppose that the listener chooses the music spontaneously that become *hits* or success songs. This manipulation is not noticed by the listener himself because the radio knows to operate very well in the conditioning of their ears in the conscious and unconscious levels. Only the field research can reveal this conditioning when becoming conscious of the backstage of the production of successes. Since the music became *big business*, there is no ignoring of their production methods, reproduction and distribution, in which the radio has an effective role. Every business implies in production costs and the goal is, without any doubt, to obtain a return that increases profits to the invested capital. As the only form of publicity of the music is made by playing it several times, its repetition - the *plugging* or *rotation* - for the radio it is the main advertising resource used for the product to enter in the ears of the listener until he leaves whistling its melody thereabout or humming its lyrics as if it was a letter written especially for him. The 'our music' – as say the lovers - seems to guess the more intimate feelings of the listeners expressing them better than they could have done it. However, it is obvious that it is part of a commercial game that little or nothing has to do with the individualities of the listeners. It is part of the pseudo-individuation of the popular song, in the sense that Adorno lent the expression to characterize the illusion it provoked.

The popular music includes its own *plugging* through the refrain that not only helps in the memorization by the repetition, as gives title to it. For this reason, practically there is no popular music without refrain, which acts as a commercial *jingle* in it inserted: its propaganda to be recorded in the mind. Adorno's criticism are driven, without a doubt, towards cultural industry of the music and measurement of the radio in the process of total occupation of the cultural space by the commercial music and at the same time, its centrifugal force for the displacement of the musical works with characteristics truly artistic for the outlying margins of this space. Or then, of the process of cannibalization of the artistic music that destroys the structure in the same moment in which they are divulged by the radio. Because the listening to it in this channel to is, actually, a *non-listening listening*: an inattentive, distracted, disconcentrated and atomistics where the music is reduced to a background for other activities of the listener. This pattern of listenning determined by the radio technology is a form of hearing perception that commits the aesthetic effects of the reception and impedes the listener of structural hearing of the music - quite dismal effect when considering reception of serious music.

There is a point of difference among Benjamin and Adorno that deserves the attention: Benjamin pretended to refuncionalize the radio in the manner of Brecht, in other words, to politicize the art through his radiophonic experiments just as Brecht's didactic and political theater. However, for Adorno,[6] the art engaged like this is not autonomous art, but political propaganda of a left wing party that instrumentalizes it. The true work of art already possesses inherent political content - her *Wahrheitsgehalt* - and has autonomy as art. To affirm this is not to postulate his total estrangement of the existing reality. - the 'pure' art or the art for the art - because it shelters the real world inside itself. Her political function is inherent to her. Let us remember, for this purpose, of an episode that surrounded the North American war against Iraq, after the terrorist attacks on *World Trade Center Towers* in 2001. The generals under George Bush presidency were gathered to decide about the war based on the accusation that Iraq possessed weapons of mass destruction. This in a living room in which a reproduction of the mural *Guernica* of Picasso was exposed.[7] Symptomatically, they covered it entirely with a dark blue curtain. Would it be that showing that work of art of 1937 was extremely uncomfortable, for the power of truth that carried with itself, in an hour of military decision? In fact, per a report of Picasso in an interview, a German official of Gestapo in 'visit' to his studio in Paris asked him if he had painted that picture, after seeing its reproduction on a postcard, and Picasso answered: '*No! You made it*.'

The theoretical study of Adorno and the radiophonic inventions of Benjamin seem to have only historical value as precursory approaches of the sciences of the communication in the era of the radio. Without a doubt, today the radio cannot compete with new more potent and diversified technologies; we can remember, however, that these analyses, together and maintaining their differences, showed us that the technology can be used for the production of works of art, as well as to supply the market with the workmanships of the cultural industry. It is also necessary to punctuate that the concept of cultural industry was not shaped except between 40 and 44, by Adorno and Horkheimer, and it was not part of aesthetics of Benjamin, concentrated in discovering the aesthetic and political potentialities of the technological means of the radio, cinema and photography.[8] In the industry of the entertainment, sustained by capitalist organizations, those measurements worked, without any doubt, much more for the cultural industry than for artistic accomplishments, because they demand great publics destinataries, to cover the costs and to generate profit for the invested capital.

Summarizing the comparison of the writings of Benjamin with the theory of the radio of Adorno and the aesthetic and political subjects implicated - that point us to the most general theme of the relationship between art and technique - we affirm that these analyses can be admitted jointly, because they refer to different objects and within different perspectives. The radio-speaker is an agent different from the radio that reproduces in a worn-out way the serious music or the popularization of music standardized by the cultural industry of the music. It is good to observe, however, that Adorno made a lot of radiophonic interventions, above all, in the form of conferences in Germany, in the decades of 50 and 60.

Referring to Walter Benjamin and his radiophonic inventions, the technological mediations of the radio, of the cinema and the photography, they obtained a new dimension through their aesthetic concepts: the today denominated arts post-aura or simply, *art techniques*, show us the possibility and the existence of works of art being produced with the technological reproduction. They are also arts closer to the masses and not captured in the old cult niches and reverence. The radio is a vehicle directed to the masses, the cinema was created to be attended collectively, the photograph has a great number of commercial usefulness in the press, in the illustrated magazines, in the advertising, etc. One cannot dissociate this cultural production of the reproduction technology (microphones, camcorders, photographic cameras, etc.), or from the collective addressees. This peculiar aspect of the cultural production with the direct use of the technology implicates in changes of aesthetic conceptions that, from my viewpoint, are still very marked by the bond with auratic arts, in benjaminian format, in which the reproduction technology is only used *a posteriori* of the originals, so that their copies circulate in the market.

If these mediations, however, they are more easily captured to serve a production and spread of the cultural industry, thanks to the proximity to the receiving masses and the impositions of the capitalist market, the aesthetics of Benjamin lead us to discover, at least, the intrinsic properties of these technologies to enlarge the potencies of the senses and to propitiate new aesthetic experiences. If these potentialities exist, then the technologies do not need to be limited to function for the mere entertainment of the masses and the relationship between art and technique can be reconsidered without prejudices of aesthetic order.

The critical theory of the society, by the examples mentioned above, invented new tracks for the investigation of the technological means, without taking part in what is called *media studies*. These tracks make unusual ways for the constitution of the *critical media studies*, in which art and cultural industry have a central place, but not ignoring the aesthetic potentialities of the reproduction technology and at the same time with the recognition of the limitations imposed by the entertainment industry.

Referências

1. Cf. Baudouin, P. *Au microphone: Dr. Walter Benjamin-Walter Benjamin et la création radiophonique 1929-1933,* Éditions de la Maison des Sciences de I'homme, 2009; Mehlman, J. *Walter Benjamin for Children – an essay on his radio days,* The University of Chicago Press, 1993.

2. Benjamin, W, "Alboroto en torno a títere", *Obras,* Libro IV/ vol 2, Madrid, Abada Editores, 2010, pp.110-127.

3. Benjamin, W. "À la minute" *Rastelli raconte et autres récits,* Éditions du Seui, 1987, pp. 97-101.

4. Benjamin, W. *Lumiéres pour enfants: émissions pour la jeunesse,* Christian Bourgois Éditeur,1988; *Rastelli raconte et autres récits,* Éditions du Seuil, 1987.

5. Adorno, T. W. *Current of music – elements of a radio theory,* Suhrkamp, 2006.

6. Adorno, T. W. "Commitment", *The Essential Frankfurt School Reader,* edited by Andrew Arato & Eike Gebhardt, Continuum Publishing Co., 1982, pp. 300-318

7. Hansen, M.B. "Why media aesthetics?" *Critical Inquiry,* n.30, Winter 2004, University of Chicago, pp. 391-395.

8. Benjamin, W. "A obra de arte na era da sua reprodutibilidade técnica", *Benjamin e a obra de arte,* Contraponto, 2012, pp. 9-40.

Posfácio da segunda edição

A segunda edição do livro *Adorno em Nova* York: *os estudos de Princeton sobre a música no rádio (1938-1941)* inclui um artigo sobre as ideias conflitantes de Walter Benjamin e Theodor W. Adorno sobre o rádio, como meio dominante de comunicação de massas no período mencionado.

Sem dúvida, essas ideias refletem a preocupação de ambos com os efeitos da reprodução técnica do rádio sobre o receptor /ouvinte, que antecipam a discussão de Adorno sobre a indústria cultural nascente no mundo ocidental.

Poder-se-ia pensar que essas reflexões são datadas historicamente: o rádio não é mais um meio de comunicação de massas com a força extraordinária que teve nas décadas de 20 e 30. Mas ele contribuiu decisivamente para a origem da massificação da cultura!

Benjamin quis fazer do rádio, durante a República de Weimar, um instrumento para a ilustração das crianças, com criações originais que ficaram pouco conhecidas do público, por causa da intervenção política do regime fascista. No entanto, elas vieram à tona na década de 60 e ainda provocam encantamento pela sua beleza.

Adorno, por sua vez, emigrado nos Estados Unidos, teve contato direto com o domínio das grandes redes de radiodifusão do país e os danos causados na escuta da música erudita e na propagação vertiginosa da música popular de caráter comercial.

Reunir ambos autores é, sem dúvida, interessante para nos remeter às questões que levantaram e que ainda importam. Fazem parte de nossa vida atual e da influência massiva que recebemos sem uma pausa para a reflexão.

Sobre os autores

Iray Carone é doutora em Filosofia do Instituto de Psicologia da USP, com pós-doutorados na *Columbia University* (NY), *California University* (Berkeley) e *New School University* (NY), na condição de *Visiting Scholar*. Completou sua formação permanente na *Universidad Nacional de Ensino a Distancia* (Madrid). Escreveu vários livros e artigos, destacando-se *Psicologia Social do Racismo – branquitude e branqueamento no Brasil*, Editora Vozes, sexta edição.

Luciana Dadico é doutora em Psicologia, pesquisadora e professora universitária. Realizou pós-doutorado em Psicologia na Universidade de São Paulo e estágios na *Scuola Normale Superiore di Pisa* e na Universidade da Califórnia, em Berkeley.

Lia Barauna é psicóloga formada pelo Instituto de Psicologia da USP e concluiu o Mestrado em Psicologia pelo mesmo Instituto. Trabalha na Assembleia Legislativa do Estado de São Paulo, no cargo Analista Legislativo, com 12 anos no Instituto do Legislativo Paulista e recentemente, na Divisão de Desenvolvimento de Recursos Humanos da Assembleia. Especialização em Governo e Poder Legislativo pela UNESP.

Agradecimentos

Ao professor e cientista Ralph Della Cava, que generosamente me acolheu como *Visiting Scholar* no *Institute of Latin American Studies* da Universidade de Columbia em 2001.

À Fapesp por ter financiado e dado suporte científico à pesquisa "Teoria Critica e Pesquisa Empírica na Psicologia" em 2001, que serviu de base aos artigos em revistas cientificas do Brasil e Espanha, bem como outros publicados na *Folha de São Paulo*. Cabe observar, no entanto, que a responsabilidade pelo teor dos artigos é inteiramente minha, e não, da Fapesp.

À Luciana Dadico, que se dispôs a escrever o prefácio deste livro e que tem se dedicado ao estudo aprofundado dos textos de Adorno e Benjamin referidos ao tema do presente livro.

À Universidade Paulista que acolheu e deu suporte financeiro parcial à pesquisa sobre o referido projeto desenvolvido em Columbia e à revista *Ideação*, onde originalmente publiquei o último artigo deste livro.

Ao jornalista e doutorando da USP, Luiz Fukushiro, pelo cuidadoso trabalho de digitação do livro.

Ao *Caderno Mais!* da *Folha de São Paulo*, à revista *Impulso* da UNIMEP de Piracicaba, à revista *Constelaciones* de Teoria Crítica da Espanha, e à revista *Educação e Sociedade* da UNICAMP, por permitirem a republicação de artigos neles contidos.

Alameda nas redes sociais:
Site: www.alamedaeditorial.com.br
Facebook.com/alamedaeditorial/
Twitter.com/editoraalameda
Instagram.com/editora_alameda/

Esta obra foi impressa em São Paulo no inverno de 2019. No texto foi utilizada a fonte Minion Pro em corpo 10,3 e entrelinha de 15,3 pontos.